U1019402

《体育发展“十三五”规划》解读

《〈体育发展“十三五”规划〉解读》编写组 编

人民体育出版社

图书在版编目(CIP)数据

《体育发展"十三五"规划》解读/《〈体育发展"十三五"规划〉解读》编写组编. -北京：人民体育出版社，2019
ISBN 978-7-5009-5142-1

Ⅰ. ①体… Ⅱ. ①体… Ⅲ. ①体育事业-五年计划-研究-中国-2016-2020 Ⅳ. ①G812

中国版本图书馆 CIP 数据核字（2017）第 079347 号

*

人 民 体 育 出 版 社 出 版 发 行
北 京 建 宏 印 刷 有 限 公 司 印 刷
新　华　书　店　经　销

*

787×1092　16 开本　9.25 印张　122 千字
2019 年 7 月第 1 版　2019 年 7 月第 1 次印刷

*

ISBN 978-7-5009-5142-1
定价：55.00 元

社址：北京市东城区体育馆路 8 号（天坛公园东门）
电话：67151482（发行部）　邮编：100061
传真：67151483　邮购：67118491
网址：www.sportspublish.cn
（购买本社图书，如遇有缺损页可与邮购部联系）

《体育发展“十三五”规划》解读
编 写 组

主　　任：陈　岩　张　林

副 主 任：来　民　卢伟芃

编辑人员：魏振勇　陆　帅　张　盛　黄海燕

郑家鲲　朱洪军

前 言

“十三五”期间是全面建成小康社会、实现我们党确定的“两个一百年”奋斗目标的第一个百年奋斗目标的决胜阶段，体育发展站在了一个新的历史起点上。党的十八大以来，以习近平同志为核心的党中央高度重视体育工作，从国家发展战略和全局高度部署和推动体育事业改革发展。习近平总书记把体育事业发展与实现中华民族伟大复兴中国梦联系起来，在多个重要场合和重要时点，对体育工作作出一系列重要指示，形成了习近平总书记关于体育工作的重大战略思想，为体育事业改革发展提供了强大的思想武器，为体育强国建设指明了前进方向，提供了根本遵循。

根据国务院和有关部门的统一部署，2014年9月，体育总局启动了《体育发展“十三五”规划》的编制工作，成立了《规划》编制领导小组和工作小组，多次召开会议研讨有关问题，确定了《规划》编制工作思路，并委托上海体育学院等单位开展了14个前期重大课题研究。2015年7月底，在前期研究和调研的基础上，起草组开始起草《规划》。其间，多次召开会议研究、论证《规划》文稿，并征求了中央、国务院相关部门和解放军体育部门以及各省（区、市）、计划单列市、新疆生产建设兵团体育局、行业体协，总局各厅司局、直属单位，有关体育院校的意见，经过多次修改，形成了《规划》最终稿，并于2016年5月5日正式对外公布。《规划》客观准确地评价了“十二五”时期的体育工作取得的成绩，全面分析了“十三五”期间体育发展存在的主要矛盾和问题，以及面临的机遇和挑战，确定了“十三五”期间体育发展的指导思想、基本原则、发展目标、发展理念，系统谋划了推动体育改革发展的政策措施，完善实施了监督落实制度。《规划》是今后五年开展体育工作的行动指南和纲领性文件。

《规划》在以下几个方面表现出鲜明的特点：一是理念新。《规划》牢牢把握体育发展的新特征，系统研究了新时期体育领域出现的新情况和新问题，全面贯彻创新、协调、绿色、开放、共享的发展理念，以新理念贯穿“十三五”期间体育发展各领域各环节。二是定位准。《规划》准确定位体育在经济社会发展中的地位和作用，充分发挥体育的独特优势，既注重以推动体育重点领域的改革破解发展难题，又聚焦重点任务，对事关体育发展全局的重点任务进行了安排部署。三是研究深。《规划》制定过程中，开展了重大课题研究工作，形成了研究报告，为《规划》提供了重要的理论支撑。以座谈会、论证会等形式多次听取专家学者意见，《规划》内容体现了体育领域最新的研究成果。四是内容实。《规划》充分体现了务实的作风，对于发展指标尽可能予以量化，对于发展目标有清晰明确的描述。设置了9个专栏，对于重大工程、重大项目进行了部署，增强了《规划》的可操作性。完善了规划监督落实制度，并进行了任务分工，确保《规划》部署的各项任务落地。

为了帮助大家进一步学习领会和贯彻落实《规划》内容，我们以《规划》的体例为线索，以《规划》前期重大课题研究为主要依据，结合体育工作实际，组织有关人员编写了《规划》解读。以问答的形式，对《规划》中涉及的一些重大问题进行了深入浅出、通俗易懂的解读。由于时间紧张，编者水平有限，书中难免有错误和疏漏之处，敬请专家、读者斧正。

编委会

2018年3月23日

目 录

第一章

“十三五”期间我国体育发展面临的形势

一、“十二五”期间我国体育发展取得了哪些主要成就？

“十二五”期间，特别是党的十八大以来，体育系统认真贯彻落实党的十八大和十八届三中、四中、五中全会精神，着力破解制约体育事业发展的突出矛盾，各项体育工作全面推进，主要取得了以下成就：

体育事业改革不断深化。推进政府职能转变，简政放权，实施行政审批制度改革，取消群众性和商业性体育竞赛活动审批，激发了体育市场活力；贯彻落实《中国足球改革发展总体方案》，出台了《中国足球协会调整改革方案》，中国足球协会与体育总局脱钩，中国足球协会调整改革工作取得阶段性进展；扎实推进体育社会组织改革试点，制订了《以运动项目管理中心和单项体育协会改革为突破口，深化体育管理体制改革的方案》，决定分类开展全国性单项体育协会改革工作；对全国综合性运动会进行了精简压缩，改革了全运会计分政策和比赛成绩的公布方式，不再公布各省区市的金牌、奖牌和总分排名；实施中华全国体育总会的改革，调整了体育总会组成办法以及领导机构，充分吸纳社会各方面人士广泛参与。

群众体育蓬勃发展，覆盖城乡的全民健身公共服务体系初步形成。全民健身上升为国家战略，推行《全民健身计划（2011—2015年）》，群众体育健身热情空前高涨。截至2014年底，全国经常参加体育锻炼的人数比例达到33.9%，城乡居民达到《国民体质测定标准》合格以上的人数比例达到89.6%，城乡居民身体素质有所提高。体育健身场地设施有较大幅度的增加，截至2013年底，我国共有各类体育场地169.46万个，人均体育场地面积1.46平方米，在全国已建设“农民体育健身工程”约57.39万个，覆盖90.9%的全国行政村。全民健身活动丰富多彩，全民健身指导和志愿服务队伍不断壮大，截至2015年底，获得社会体育指导员技术等级证书和国家职业资格证书的人数已经分别达到194万人和11万人。

竞技体育成绩显著，综合实力和国际竞争力进一步增强。“十二五”期间，我国运动员共获世界冠军595个，创、超世界纪录57次。中国体育代表团在伦敦奥运会上取得境外参加奥运会比赛最好成绩，在索契冬奥会上实现速度滑冰基础大项金牌“零”的突破，在仁川亚运会上继续保持金牌、奖牌领先。运动项目结构和布局不断优化，优势项目继续保持和巩固，潜优势项目有所提升，田径、游泳等基础大项进步明显，冬季项目稳步发展。体育赛事空前活跃，多项大型国际赛事在国内举办。竞技体育科学训练和管理水平不断提高，后备人才培养体系建设工作进一步加强，赛风赛纪和反兴奋剂工作取得显著成效。

体育产业规模不断扩大，体育消费明显增加。2015年全国体育及相关产业总产出达到17107.01亿元，实现增加值5494.39亿元，占当年GDP的0.81%。体育产业结构持续优化，体育服务业比重稳步增长，体育产业体系不断健全，与文化、旅游、医疗、养老、互联网等领域的互动融合日益加深。体育彩票事业安全、稳定、持续发展，“十二五”期间体育彩票累计发行销售和筹集公益金数额均有大幅的增加。

体育文化繁荣发展，影响力日益广泛。积极推进以运动项目文化为核心的体育文化建设，注重挖掘运动项目文化内涵，扩大运动项目文化的社会影响力。依托世界田径锦标赛、世界花样滑冰锦标赛和全国第一届青年运动会等大型赛事平台，推动赛事与体育文化、体育教育充分融合，进行了形式多样的体育文化宣传推广活动。

党中央、国务院审时度势，高瞻远瞩，做出申办2022年冬奥会的战略决策。习近平总书记和李克强总理非常关心申办工作，多次做出重要指示，在国事外交活动中亲自介绍北京申办情况，刘延东副总理靠前指挥，率领中国申办冬奥会代表团出席国际奥委会会议，亲自陈述。体育总局借助于与国际体育界的长期友好关系、人脉资源，在外交部、冬奥申委的大力配合下，利用双边和多边场合积极开展国际友好工作。通过与有关各方团结协作、奋力拼搏，北京赢得了2022年冬奥会举办权，创造了在同一个城市既举办夏季奥运会，又举办冬季奥运会的历史。

“十二五”期间体育事业的新发展、新进步，归功于党中央、国务院的亲切关怀、坚强领导；归功于全国人民、社会各界的大力支持；归功于改革开放的伟大时代，国运兴，则体育兴；归功于全国体育战线同志们的艰苦奋斗、不懈努力。“十二五”期间中国体育成就鼓舞人心，经验弥足珍贵，为中国体育、中国社会创造了丰富价值和宝贵财富：一是坚持了体育为全面建设小康社会服务的工作方针。把发展体育事业、提高人民健康水平作为发展宗旨，坚持体育工作的正确方向。二是坚持了中国特色社会主义体育发展道路。坚持体育工作为党和国家的中心任务服务，注重发挥政府在体育事业发展中的职能作用，正确处理了坚持和完善竞技体育举国体制与充分发挥社会、市场作用的关系。三是坚持了改革引领、创新驱动的发展战略。大力推动改革，破除阻碍体育事业健康发展的体制机制障碍，把创新作为推动体育发展的强大驱动力，积极探索体育发展的新模式、新机制。

二、为什么说“十三五”期间我国体育发展将进入更加严峻的改革攻坚期?

“十三五”期间，我国体育发展将进入更加严峻的改革攻坚期，人民群众日益增长的多元化、多层次体育需求与体育有效供给不足的矛盾依然突出，体育与经济社会协调发展的机制有待进一步健全，体育改革发展面临诸多挑战。

在全民健身工作方面，基础性短板依然存在，突出表现在以下几个方面：一是全民健身的发展依然不平衡。首先是地区间发展不平衡，西部地区总体发展水平依然相对落后于东部和中部地区。其次是城乡间发展不平衡，农村地区参加体育锻炼的人数、体育场地设施、体育组织网络和体育活动开展等要落后于城市。再次是参与人群不平衡，青少年学生和中老年人群参与度较高，中青年人群参与度较低。二是全民健身公共服务体系尚须完善。体育场地设施的建设和使用与群众的需求还存在较大差距，尤其是广大农村和经济欠发达地区，不仅缺乏室内健身场所，户外的体育设施也相对简陋，数量和种类都偏少。公共体育场馆和学校体育设施对社会开放的程度和利用率依然不高。三是社会力量参与不足。全民健身工作仍然以靠政府投入为主，资源丰富、潜力巨大的社会力量作用没有充分发挥。四是体育社会组织有待发展壮大，各级体育社会组织发展相对缓慢、数量偏少、作用发挥不够，社会组织的职能弱化。对新涌现的网络体育组织、草根体育组织重视和扶持不够。五是公共财政的投入依然不足，投入数额总量和人均数量都偏低，经费投入部分依赖体育彩票公益金的局面尚未得到根本改变。

在竞技体育工作方面，随着奥运战略发展到一定程度而产生的"金牌至上"的政绩观等诸多问题，阻碍了竞技体育向更高层次的发展。竞技体育与群众体育、体育产业等协调发展的机制尚不健全，竞技体育在项目结构上发展不均衡的现象依然存在，优势项目提升空间有限，潜优势项目整体缺乏后发优势和潜力，基础项目和"三大球"以及冬季项目整体水平仍然较低。竞技体育国内区域间发展不平衡问题突出。在发展方式上，仍然依靠政策和保障等要素驱动，创新驱动不足，科学化管理和训练水平有待提高，效益不明显，职业体育和职业联赛发展滞后，体育行业正风肃纪任务繁重，部分项目发展基础薄弱，后备人才培养体系面临新的困难和冲击，竞技体育举国体制需要不断创新完善。

在体育产业工作方面，国务院印发《关于加快发展体育产业促进体育消费的若干意见》（国发〔2014〕46号）有力地促进了体育产业的发展，但目前体育产业发展的水平还不高，结构不尽合理，市场主体的活力和创造力不强，产品有效供给不足，体育供给侧结构性改革亟待推进。居民体育健身意识不强，大众消费激发不够，市场在体育资源配置中的决定性作用尚未充分发挥。

在体育文化工作方面，体育文化建设仍然滞后，在弘扬中华体育精神、振奋民族精神、激发社会正能量方面的作用未能充分发挥。目前我国体育发展中颇受诟病的一些弊端，如金牌至上、球场暴力、兴奋剂事件、运动员文化教育等，都和不重视体育文化的建设与培育有关。从深层次上来看，当前我国学校体育的危机、青少年体质的下降、竞技体育后备人才的匮乏、职业体育发展的迟缓也都和体育文化建设滞后有着直接或间接的关系。

同时，随着经济社会不断发展，全面深化改革深入推进，体育改革发展面临的内外部环境发生了深刻变化，现行的管理体制和运行机制不能适应快速发展的体育实际，体育改革发展进入攻坚期、深水区，体育系统需要以更加昂扬的斗志，做好改革的顶层设计，着力推进各项改革措施的落实，坚定不移地把体育改革发展工作推向前进。

三、“十三五”期间我国体育发展面临哪些新的机遇？

“十三五”期间，我国整体社会发展环境将处于新常态不断深化延展的深度改革、创新驱动的新时期。新情况、新问题、新矛盾会不断出现，解决问题、应对挑战的新办法、新举措、新政策也会不断涌现，“十三五”期间体育发展将面临更加复杂多变的外部环境，驾驭难度更大。总体上判断，“十三五”期间我国体育将进入一个开放要求更高、改革任务更重、发展难度更大的改革攻坚期和创新驱动期，也是我国加快推进体育强国建设的战略机遇期。“十三五”期间体育发展面临的机遇主要体现在以下几个方面：

（一）党中央、国务院高度重视体育工作，是做好各项工作的根本保障

党的十八大以来，习近平总书记对体育工作寄予厚望，多次发表重要讲话、做出重要批示和指示，对体育工作进行了一系列精辟论述，为体育事业的改革发展指明了方向，确定了根本遵循，振奋了体育战线的奋斗拼搏精神。党中央、国务院把体育事业看作是中华民族伟大复兴的标志性事业，把体育产业作为推动经济转型升级的重要力量，积极顺应人民的新期盼，大力振兴足球运动，旨在让人民群众从国家体育发展中

增强获得感和幸福感。在全国卫生与健康大会上，习近平总书记指出，全民健身是全体人民增强体魄、健康生活的基础和保障，体育在提高人民身体素质和健康水平，促进人的全面发展，丰富人民精神文化生活，激励人民弘扬追求卓越、突破自我的精神方面都有着十分重要的作用。党和国家对体育事业的重视为我们做好各项体育工作提供了基本保障，“十三五”期间，体育肩负着前所未有的时代责任和历史使命，发展任务十分艰巨。

（二）体育产业快速发展和市场力量快速崛起为体育事业发展拓展了新空间

“十三五”期间中国经济进入新常态，经济下行压力不断增大，经济结构调整和产业结构升级的要求更加迫切，稳增长、调结构、促改革、惠民生、防风险的多项改革与发展任务叠加交织，体育发展尤其是体育产业的发展在社会发展中的作用将日益凸显，社会各界参与体育的热情空前高涨。一方面会迅速提升我国体育产业的发展水平和发展质量，充分发挥体育在推动经济转型升级和促进大众创业、万众创新中的独特作用；另一方面体育领域市场力量的快速崛起也将倒逼体育管理体制和运行机制做出适应性的动态调整，过去那种过度依赖政府投入发展体育的模式将受到更多的挑战。各级政府要以人民的需求为导向，充分调动社会和市场等各类主体参与体育发展的积极性、主动性，增强体育产业发展的活力。

（三）体育的综合价值和多元功能更加突出

体育不仅仅是一种身体运动，还是一种生活方式，一种教育手段，一种精神载体，是培养健康体魄、塑造健全人格、促进人的全面发展进而提升生活品质的有效途径。越来越多的人们意识到体育在推进健康关口前移、治疗和预防疾病、延长健康寿命方面发挥的日益重要的作用。“十三五”期间，体育的改革发展要顺应人民群众日趋多元化的需求，提高人民群众的幸福度和获得感，为改善民生做出实实在在的贡献。《中共中央关于制定国民经济和社会发展第十三个五年规划的建议》和《中华人民共和国国民经济和社会发展第十三个五年规划纲要》（以下简称《“十三五”规划纲要》）明确提出建设健康中国，并把体育作为建设健康中国的重要内容，而构成健康的三个维度，即身体健康、心理健康和社会适应良好，与体育发展的目的完全契合。体育的综合价值和多元功能在建设健康中国这一任务上得到充分体现，需要我们站在维护全民健康的历史高度，推进全民健身和全民健康深度融合，切实提高全民族身体素质和健康水平。

（四）科技领域的迅猛发展将极大地改变体育的发展模式

当前新一轮科技革命正在加速演进，颠覆性技术层出不穷，成为社会生产力新飞跃的突破口。特别是以大数据、移动互联网、物联网、5G技术、智能路由器为代表的新互联方式的革命，正在极大地改变人们的生产和生活方式。“中国制造2025”和“互联网+”都将把科技引领体育发展推到“十三五”体育发展的关键环节，科技改变体育将得到前所未有的体现。构建与移动互联网时代相适应的体育发展新生态、新机制是“十三五”期间体育改革发展必须高度关注的战略性问题。

四、体育在健康中国建设中有哪些积极作用，健康中国建设对体育工作提出了哪些新要求？

习近平总书记多次提及以人民为中心的发展思想，在体育领域就是要以“健康第一”为根本理念，推动体育实现人群全覆盖、生命周期全覆盖、健身过程全覆盖，把提升全体人民健康水平放在体育发展的首位。从我国的现实国情和国际的先进经验来看，健康事业的发展需要体育的全面参与。

体育可以激发人民群众的爱国热情，营造积极健康的社会氛围。在去年的里约奥运会上，中国体育健儿顽强拼搏、奋勇争先，表现优异，生动地诠释了奥林匹克精神和中华体育精神。中国女排不畏强手、英勇顽强，时隔12年再夺奥运金牌，充分展现了女排精神，振奋了民族精神。中国体育健儿在赛场内外的出色表现受到了全国人民的高度关注，奥运精英运动员访港澳受到热烈欢迎，激发了包括港澳同胞在内的全国人民的爱国热情和全世界中华儿女的民族自豪感，营造了积极健康的社会氛围。

体育可以全周期、全人群地保障人的身体健康。运动不仅是生命存在的表征，更是生命活力的源泉。参与体育活动可以全周期地促进和维护身体的健康。定期参与体育锻炼是降低慢性病风险、对抗衰老、延长寿命、提高生存质量的重要方式。对健康人群来说，体育锻炼是促进和维护身体健康最经济、最适用的手段。对亚健康人群来说，体育锻炼是最有效、最安全的调理和矫正手段。对已经患有疾病的人群来说，在医生和康复师指导下的体育锻炼是治疗疾病、加速康复、提高带病生存质量的重要辅助手段。

体育可以积极促进和维护人的心理健康。现代社会快节奏、强竞争、大压力的生活方式引发的心理健康问题日益凸显，而由心理问题引发的亚健康和生理疾病又十分普遍。积极参与体育锻炼不仅能改善身体的内平衡，为心理健康打下坚实的物质基础，而且能调情绪、减压力、强意志，改善认知能力和记忆水平，提高学习和工作的效率。同时，有针对性的运动干预还是治疗心理疾病的有效手段，国内外的研究表明，运动在治疗自闭症、焦虑症、抑郁症以及提高戒毒成功率和降低自杀率等方面都有十分特别的作用。

体育可以有效地提高人的社会适应能力。很多国家都在幼儿园和小学阶段安排组织大量的游戏和体育活动，其目的不仅是促进身体发育，也是让孩子们在运动游戏中了解社会习俗，学习社会规则，学会与他人分享、合作和竞争。经常参加体育活动是抗压减压、疏解不良情绪、丰富情感、提升意志力、改善人际交往，进而不断提升社会适应能力的有效方式。在现代社会，个体社会适应能力不足往往会导致诸多的心理疾患，进而严重影响人的健康，而体育在预防和化解这类健康威胁方面具有全球公认的特殊价值。

党中央、国务院高度重视全民健身工作，把全民健身上升为国家战略，全民健身成为人民增强体魄、健康生活的基础和保障。推进健康中国建设，为新时期中国体育的发展开辟了更加广阔的空间。《“健康中国2030”规划纲要》对新时期开展体育工作提出了新的更高的要求。

一是要更加注重发挥体育的综合价值和多元功能。体育运动是一种健康的生活方式，科学合理的体育运动可以调节和改进人们的生活习惯，提高生活质量。体育运动中包含的积极进取、公平正义、规则至上、团结友爱的体育精神成为塑造健康人格的重要力量，能有效提高人的社会适应能力。体育不但可以塑造人们健康的体魄，也能够培养人们健全的心理，拉近人与自然的距离，协调人与人之间的社会关系。当代体育不仅是一种锻炼身体的方式，也是一种教育手段、生活方式、精神依托和财富载体，在提高人们生活质量、促进人的全面发展、丰富社会文化生活等方面有着重要作用。

二是要更加注重开展广泛的全民健身运动。当前，我国经济社会发展总体水平不断提升，人民群众对生活质量的要求越来越高，身心健康是生活幸福的前提，是人民群众最关心、最直接、最现实的利益问题，人们对文化、体育、健康的需求呈现出快速增长态势。当然，也要清醒地看到，我国仍处于并将长期处于社会主义初级阶段。一方面，人民群众日益增长的体育需求与体育资源相对不足的矛盾依然突出；另一方面，人民群众的健康状况，特别是青少年学生的体质令人担忧。因此，大力发展全民健身运动，提高全民族身体素质和健康水平，是体育系统艰巨而又神圣的使命。

三是要更加注重推动全民健身与全民健康深度融合。健康是生命、幸福和生产力的基础，是公民、社会、国家最重要的核心竞争力。体育在维护人类健康中的地位和作用也愈显重要，世界卫生组织把缺乏运动列为威胁人类健康的第四大因素，美国把缺乏运动列于可预防死亡因素的第二位。“生命在于运动”“运动是良药”已经成为全球社会的普遍共识。体育发展与健康中国建设在内涵上是互促互融的。一方面，体育发展直接服从和服务于健康中国建设；另一方面，健康中国建设也能为体育发展开拓更为广阔的发展空间。推动全民健身与全民健康深度融合，要求我们必须以提高全民健康水平为中心，创新全民健身的形式和内容，推动全民健身工作迈上新台阶。

第二章

“十三五”规划中体育发展的总体思路

一、制定《体育发展“十三五”规划》的总体考虑有哪些?

《体育发展“十三五”规划》的编制充分考虑了“十三五”期间我国体育发展的趋势和要求。

（一）紧扣全面建成小康社会新要求

全面建成小康社会是我国现代化建设征程中的重要一步，是“两个一百年”奋斗目标的重要组成部分。《规划》积极适应形势的新变化，满足人民群众的新期待，体现发展理念的新成果，明确提出了新的目标要求。主要包括加快建设水平较高、内容完备、惠及全民的基本公共体育服务体系，逐步建成县（市、区）、街道（乡镇）、社区（村）三级群众健身场地设施网络，推进建设城市社区15分钟健身圈，达到行政村（社区）健身设施全覆盖，广泛开展丰富多彩的全民健身活动，基本建成覆盖全社会的全民健身组织网络，促进青少年养成体育锻炼习惯、掌握一项以上体育运动技能。

（二）全面贯彻落实五大发展理念

新发展理念是“十三五”乃至更长时期我国发展思路、发展方向、发展着力点的集中体现。《规划》紧密联系体育工作实际，把创新、协调、绿色、开放、共享作为“十三五”期间体育发展的基本理念，贯穿于体育改革发展的各领域和全过程。创新就是要充分激发各类主体的创新活力，推动体育领域大众创业、创新就是要万众创新，探索体育发展新模式，以创新作为推进体育发展的强大驱动力；协调就是要不断增强各项体育工作的系统性和协同性，促进体育各领域协调发展，推动城乡体育均衡发展、区域体育联动发展；绿色就是要充分发挥体育行业的绿色低碳优势，倡导健康生活方式，提倡在体育设施建设和大型体育活动中节能节俭；开放就是要加强体育与社会相关领域的融合与协作，积极借鉴国际体育发展先进理念与方式，增强在国际体育事务中的话语权；共享就是要着力推进基本公共体育服务均等化，使全体人民在体育参与中增强体育意识，享受体育乐趣，提升幸福感。

（三）体现深化改革的指导精神

《规划》高度重视体育改革工作，把改革的指导精神贯穿于《规划》的始终，并专门对五项重点改革工作进行了安排部署，包括加快政府职能转变，进一步厘清体育行政部门的权力边界，研究制定体育工作综合评价体系，进一步健全政府购买体育服务的体制机制；创新体育社会组织管理，大力引导、培育、扶持体育社团、体育民办非企业单位、体育基金会等体育社会组织发展，稳步推进全国性体育社会组织改革试点工作；推进职业体育改革，鼓励具备条件的运动项目走职业化道路，扩大职业体育社会参与，逐步提高职业体育的成熟度和规范化水平；实施足球改革，落实《中国足球改革发展总体方案》和《中国足球协会调整改革方案》；创新体育场馆运营，积极推进体育场馆管理体制改革和运营机制创新。

（四）顺应体育发展的潮流

《规划》在总结经验、立足现实的基础上，对“十三五”期间体育发展面临的机遇和挑战、出现的新情况新问题进行了认真研究，对一些问题有了新的认识，提出了一系列新的内容和新的提法，突出了时代特征，遵循了体育发展规律。比如提出要建立政府主导、市场参与、社会协同的现代体育治理体系，要逐步推动公共体育服务在地域、城乡和人群间的均等化，要逐步形成国家办和社会办相结合的竞技体育管理体制等。这些内容体现了新的历史时期体育工作新的发展思路和工作举措，包含着对体育发展规律的新认识。

二、如何理解“十三五”规划中体育发展的指导思想?

习近平总书记强调，体育是中华民族伟大复兴的一个标志性事业，体育运动的意义非常深远，全面小康的指标必然包含全民健康和体育发展方面。习近平总书记的这一论述，是新的历史时期中国体育进一步改革与发展的重要认识定位，为体育事业发展指明了方向。体育系统要从实现“两个一百年”宏伟目标的高度来认识自身所肩负的使命与责任，跳出体育看体育、立足全局抓体育、围绕中心干体育。体育事业的发展离不开党中央、国务院的坚强领导，必须牢固树立“四种意识”，以党的最新理论成果武装头脑，作为指导体育事业改革发展的行动指南。“十三五”期间体育发展的指导思想，就是要坚持“五位一体”总体布局和“四个全面”战略布局，深入贯彻落实习近平总书记重要讲话精神，围绕党和国家中心工作，创新体育发展方式，全面推动体育事业改革发展工作。

（一）坚持建设体育强国的战略定位

建设体育强国既是新时期我国体育工作的奋斗目标，又是我国体育发展一个长期的艰巨过程，任重而道远。体育强国具有丰富的内涵、鲜明的特征，涉及体育事业和体育工作的方方面面，是一个全方位的要求，是一个综合体系，是一个全面发展的目标。体育强国目标的实现，不仅与体育本身的发展水平直接相关，而且与政治、经济、文化和整个社会发展水平息息相关、密切交融、相互作用。

在群众体育领域，全社会相当多的成员热爱体育、关注体育、积极参与体育。全面建成覆盖城乡、比较完善的全民健身服务体系，进一步加强政府的体育公共服务职能，实现体育公共服务均等化，不断提高政府保障公民基本体育需求的水平。群众的体育意识不断增强，体育普及程度达到较高水平，在全社会形成浓厚的体育氛围，体育成为相当多民众自觉的、重要的生活方式之一。广大青少年受到良好的体育教育，体质普遍增强。在群众体育的政府投入，组织化、科学化、社会化水平，经常参加体育活动的人口比例，人均占有体育场地面积，社会体育指导员的数量和质量等项指标达到或超过中等发达国家水平。

在竞技体育领域，要继续在奥运会等重要国际赛事中取得优异运动成绩、为国争光。以奥运会为代表的竞技体育具有很强的国际竞争力，是体育强国的鲜明指标和表现特征之一。优化结构、提高效益，实现竞技体育内部各门类的均衡发展，影响大的基础大项和集体球类项目具备较高水平。进一步拓展和夯实竞技体育的项目基础和可持续发展的人才梯队建设，形成运动员文化教育和保障工作的完备体系。夏季运动项目要继续保持亚洲领先和奥运会上金牌数排名前列地位，冬季运动项目具备相当实力水平。在一些竞技体育项目上逐步探索形成中国特色的职业体育发展模式并与国际合作接轨，具有国际一流的竞技体育赛事的组织能力和水平。竞技体育总体水平和国际竞争力处于世界前列。

在体育产业领域，全面打造以体育服务业为重点，门类齐全、结构合理、具有中国特色和国际竞争力的体育产业。充分发挥市场机制的作用，建立和完善大众健身市场、体育竞赛表演市场，使之成为构建全民健身服务体系的重要渠道，促进竞技体育发展的重要力量，积极推动体育用品的品牌建设，增强国际竞争力，做大做强体育用品业。体育中介、体育传媒、体育会展、体育旅游、体育文化创意等体育产业的各个方面全面发展，在国际上形成较强的影响力。体育产业增加值在国内生产总值中所占的比重明显提高，为拉动内需、促进就业、推动国民经济增长做出更大的贡献。

在体育文化领域，充满活力、独具魅力的中华体育文化影响力不断增强。服务于构建社会主义核心价值体系，深入挖掘体育的文化特性，全面推进体育文化建设工程。弘扬以爱国主义为核心的中华体育精神，积极倡导奥林匹克精神，高度重视中华民族传统体育文化的挖掘、整理、保护和利用，充分发挥体育在建设社会主义先进文化中的功能和作用。充分利用体育以人为本、积极进取、公平正义、规则至上、团结友爱、健康自然的自身特点，在构建社会主义和谐社会中发挥更加重要的作用。进一步加强中华体育文化的国际交流，中华体育文化在全球的影响力达到较高水平，为中国文化走向世界做出体育特有的贡献。

在国际交往领域，中国体育的国际影响力全面提升。与世界各国（地区）的体育交流与合作呈现出全方位、多渠道、宽领域的发展态势。积极参与国际体育事务，拥有充分话语权，在多边体育合作中显示出重要作用。体育成为展示国家形象和软实力的窗口，成为传播中华文化的桥梁，成为增进世界人民友谊的纽带。一个有利于我国体育事业发展的国际环境和外部条件基本形成。

在体育法制、体育科技和体育教育等领域，均要达到国际先进水平。建立完善的中国特色的体育法制体系，将体育事业发展全面纳入法治轨道；建立中国特色的体育科技创新体系、服务体系，体育科技工作的先导和保障作用得到充分发挥，有效地解决体育事业发展中的重大问题；体育教育水平明显提高，建设世界一流的体育院校。建立完备的体育人才教育和培训体系，为体育事业发展提供充足的人才和智力储备。

在发展方式上，中国特色的体育发展道路更加成熟和完善。在中国这样一个13亿多人口的社会主义市场经济的大国发展现代化的体育事业，我们不仅要善于学习和借鉴人类发展体育事业的一切有益成果，以更加开阔的胸怀拥抱世界，还要充分发挥市场机制配置体育资源的巨大作用。但我们又不能脱离国情照抄照搬其他国家的发展模式，要把外国经验与中国国情相结合、与社会主义市场机制相融合，积极研究探索新时期群众体育、竞技体育、体育产业、体育文化等各项体育工作的特点和规律，努力建立健全与社会主义市场经济体制相适应、适合社会主义初级阶段国情、更加开放、更具活力的体育体制和运行机制。不断探索、创建和完善具有特色、富有实效的发展体育的中国模式。

（二）实施全民健身国家战略，推进健康中国建设

当前，我国经济社会发展总体水平不断提升，人民群众对生活质量的追求更加突出和迫切，身心健康是生活幸福的前提，是人民群众最关

心、最直接、最现实的利益问题。随着人民生活水平显著提高，人们对文化、体育、健康的需求呈现出快速增长的态势。而且，经济越发展，社会越进步，人民群众的体育需求就越强烈，对体育工作的要求也越高。当然，也要清醒地看到，我国仍处于并将长期处于社会主义初级阶段。一方面，人民群众日益增长的体育需求与体育资源相对不足的矛盾依然突出；另一方面，人民群众的健康状况，特别是青少年学生的体质令人担忧。因此，大力发展全民健身运动，已经成为进一步做好体育工作的现实需要。必须始终坚持以人民群众健康需求为导向，不断健全公共体育服务体系，切实保障人民群众基本的体育健身权益，让人民群众树立科学健身理念，形成健康生活方式，追求美好幸福生活，共享经济社会发展成果。

完善公共体育服务体系，提高体育供给水平。要加快建设公平可及、科学合理的基本公共体育服务体系，逐步推动基本公共体育服务在地域、城乡和人群间的均等化。统筹建设全民健身场地设施，让广大人民群众靠得近、用得上。积极开展全民健身活动，提供丰富多彩的活动供给，开发适合不同人群需要的健身运动，大力支持发展群众喜闻乐见的健身休闲项目，丰富业余体育赛事。盘活现有体育场馆资源，推动大型体育场馆免费、低收费运行，因地制宜地开展学校体育场馆对外开放。

发展健身休闲产业，引领健康生活方式。要广泛开展健身休闲运动，以创新引领健身休闲产业发展，满足人民群众多样化的体育需求，激发群众参与体育活动的热情。创新健身休闲运动项目推广普及方式，倡导全民健身新时尚，推动全民健身生活化。弘扬健康新理念，树立以参与体育健身、拥有强健体魄为荣的个人发展理念，通过体育健身提高个人的团队协作能力。引导发挥体育健身对形成健康文明生活方式的作用，树立人人爱锻炼、会锻炼、勤锻炼、重规则、讲诚信、争贡献、乐分享的良好社会风尚。

加强科学健身指导，推动体医结合。要进一步完善国民体质测试常态化机制，探索体质测定与运动健身指导站、社区医院等社会资源相结合的运行模式。充分利用新技术、新方法，广泛宣传普及科学健身方法，普及健身知识，提高群众的科学健身意识、素养和能力水平。促进体医结合和非医疗健康干预，加强体育运动指导，推广运动处方，大力发展运动医学和康复医学，积极研发运动康复技术，发挥中医药在运动康复等方面的特色作用，提倡开展健身咨询和调理等服务。

关注青少年等重点人群，发挥体育的健康服务功能。要广泛开展丰富多样的青少年体育活动，使青少年提升身体素质、掌握运动技能、培养锻炼兴趣，形成终身体育健身的良好习惯。全面实施青少年体育活动促进计划，大力推动青少年校外体育活动场地设施建设，开发适应青少年特点的运动器械、锻炼项目和健身方法。统筹规划建设公益性老年健身体育设施，支持社区利用公共服务设施和社会场所组织开展适合老年人的体育健身活动。推动残疾人康复体育和健身体育广泛开展。

全面深化体育改革，促进体育事业全面协调可持续发展。以足球改革为引领，深化体育管理体制改革，加快政府职能转变，协同推进简政放权、放管结合、优化服务，加快构建事中事后监管体系。引导和支持体育社会组织建设，提高体育社会组织承接全民健身服务的能力和质量。强化竞技体育对全民健身的引领和促进作用。发挥好重大赛事对全民健身的带动作用，以2022年北京冬奥会为契机，加强冬季项目发展，颁布实施《群众冬季运动推广普及计划（2016—2022年）》，吸引更多人参与冰雪运动。充分挖掘运动项目丰富的文化内涵，加强运动项目的推广与普及。加强体育文化建设，大力宣传中华体育精神和奥林匹克精神，加大对体育多元功能的挖掘与传播。

（三）全面提升体育治理体系和治理能力现代化水平

十八大提出要全面提升社会治理体系和治理能力现代化水平，从行政管理到社会治理，体现了执政理念的新变化。从总体上看，政府投入和行政管理仍然是各级体育行政管理部门开展体育工作的主要手段，体育治理主体单一，体育治理多元化主体协同治理的体制机制尚未建立，尤其是体育社会化水平不高，体育与经济社会协调发展的机制不健全，体育社会组织组成呈现“倒金字塔”结构，基层体育社会组织薄弱，发展滞后，自身能力建设有待加强。20世纪90年代开始的以推进运动项目管理体制改革、建立具有中国特色的协会制为重要内容的体育管理体制改革在特定的历史时期对体育事业的发展发挥了巨大作用，极大地解放了体育生产力，增强了项目发展的活力。但是，由于受长期形成的行政主导的管理理念和管理方式影响，举办和参加北京奥运会等重大比赛任务繁重，以及整个社会组织发展环境不完善、政策措施不配套等外部因素的制约，实际运行中出现管理中心的职能被强化、单项协会的职能被弱化，中心协会职责不清，利益关系、利益格局难以调整，导致改革不彻底、不完善，出现很多新的问题和矛盾。这些问题和矛盾的存在，与全面提升体育治理体系和治理能力现代化水平不相适应，是“十三五”期间体育改革发展面临的重点难点问题。

正确处理坚持和完善举国体制与发挥社会市场力量的关系。举国体制是经实践证明了符合我国国情的体育发展道路的，在我国体育事业取得的辉煌成就中发挥了不可替代的重要作用，必须毫不动摇地长期坚持下去。同时，要注重通过政府购买公共服务等多种手段，调动社会各界参与体育的积极性主动性，激发体育发展活力。

坚持依法治体，提升体育行业的规范化法治化水平。按照全面推进依法治国的总体要求，加强体育行业依法行政。在事关体育改革发展的关键环节，要做到有法可依、依法决策；在具体行政工作中，要确保规范行政执法行为，落实执法责任，提高执法水平，加强对基层体育行政执法的指导和监督，切实保障人民群众的体育权利。

培育壮大体育社会组织，增强体育发展的内生动力。转变工作思路，充分发挥各级体育总会、老年体协、行业体协等体育社会组织在全民健身中的重要作用，将办体育的职能交给符合条件的体育社会组织承担。重点培育和扶持基层体育社会组织，完善向基层体育社会组织购买全民健身公共服务机制。引导体育社会组织加强自身建设，提高其组织动员群众性体育活动的能力水平。

三、如何理解“十三五”规划中体育发展的基本原则？

立足“十三五”体育发展的基本形势和任务要求，必须坚持以人为本、坚持科学发展、坚持深化改革、坚持依法治体和坚持党的领导是指导今后五年体育发展的基本原则。

坚持以人为本是体育改革发展的基本思想。发展体育运动，增强人民体质是我国体育发展的基本方针，我们历来把提高人民群众身体素质和健康水平作为体育发展的基本目标。“十三五”期间，坚持以人为本就是要把满足人民群众的多元体育需求和保障人民群众的基本体育权益融入到体育发展的实践中，牢固树立以人民为中心的发展思想，充分调动人民群众的积极性、主动性和创造性，进一步激发和调动市场、社会等多元主体的活力，把贯彻以人为本建立在资源配置效益最大化和制度建构公平合理化的基础之上，努力增强人民群众的获得感和幸福感。

坚持科学发展是体育改革发展的内在要求。体育事业是需要发扬科学精神的领域，不管是全民健身的整体布局，竞技体育的科学训练，还是体育管理体制的创新，都必须以科学发展为统领。要从中国体育发展的实际出发，充分借鉴体育强国的发展经验，遵循现代体育发展的内在规律，厘清体育事业与体育产业、公共体育服务与非公共体育服务、精英体育与大众体育的边界，合理界定政府、市场、社会三者之间的关系，建立起政府监管有力、市场配置资源合理、社会体育组织蓬勃发展的体育管理运行机制，努力实现体育更高质量、更有效率、更加公平和更可持续地发展。

坚持深化改革是激发体育发展动力的根本途径。新中国成立以来体育发展的经验表明，深化改革是推动体育事业发展、破解发展难题的动力源泉。当前，很多改革进入攻坚期，更加需要通过深化改革，不断健全符合体育发展实际的管理体制和运行机制，为体育发展增添新的动力。要深化体育管理体制改革，充分发挥市场在资源配置中的决定性作用和更好地发挥政府作用，更加注重政府的宏观管理职能，更加注重调动社会和市场力量参与体育发展的积极性和主动性，全面提升体育治理体系和治理能力现代化水平。

坚持依法治体是体育改革发展的必然要求。体育法治建设是社会主义法治建设的重要组成部分，依法治国、建设社会主义法治国家对体育事业发展纳入法制轨道，运用法治思维和法治方式推进体育改革和解决体育领域问题提出了更高的要求。要加快建设中国特色社会主义体育法治体系，不断完善以《体育法》为核心，以体育行政法规、部门规章、地方体育法规和规章为主体的体育法规体系建设。推动体育法律法规实施，加强体育行政执法，深入推进简政放权。不断提高体育系统的法律素养，培养体育系统尊法学法守法用法意识。

坚持党的领导是体育改革发展的根本保证。十八大以来，党的群众路线教育实践活动取得重要成果，“两学一做”全面深入开展，党中央从严治党、从严治吏，加强作风建设，形成了风清气正的良好政治环境。全国体育战线必须全面贯彻从严治党的要求，切实抓好中央巡视组反馈意见的整改落实工作，进一步把思想和行动统一到党和国家对体育发展的战略部署上，坚定不移地推进反腐倡廉，积极应对各种风险挑战，为体育改革与发展提供更为坚实的政治保障。

四、“十三五”规划中的群众体育发展目标是如何确定的?

《规划》提出的“到2020年，经常参加体育锻炼的人数达到4.35亿，人均体育场地面积达到1.8平方米”的目标分别从体育人口和体育场地设施两个方面提出了定量的目标。“经常参加体育锻炼”指每周参加体育锻炼3次及以上，每次体育锻炼持续时间30分钟及以上，每次体育锻炼的运动强度达到中等及以上。“经常参加锻炼的人数达到4.35亿”指标，是根据近年来经常参加体育锻炼的人数增长情况，并考虑了城镇化、老龄化及人口增长变化等因素推算的。截至2014年底，全国经常参加体育锻炼的人数达到3.6亿，年增长人数超过1300万，预计到2020年，增长人数超过7000万，达到4.35亿。

体育场地设施是发展体育事业的必要物质基础，体育赛事、全民健身、体育培训等发展都必须依托于场地设施。同时，体育场馆设施建设也是评价群众体育发展水平的主要指标。近年来，我国体育场地设施建设的速度不断加快，规模不断上升，为此，《规划》把人均体育场地面积作为体育事业发展的重要基础，并综合考虑了多方面因素设定出具体目标。“人均体育场地面积达到1.8平方米”指标，是按照2005年体育场地第五次普查人均1.0平方米和截至2014年底人均体育场地面积1.5平方米的年增长率测算得出的。过去10年（2005—2014年）平均年增长大约0.05平方米，距离2020年还有6年时间，预计增长0.3平方米，达到1.8平方米。

五、如何理解“十三五”规划中竞技体育发展的主要目标?

体育作为社会发展和文明进步的重要标志，是一个国家综合实力和竞争力的重要体现。竞技体育作为体育的重要组成部分，在振奋民族精神、增强民族自豪感和凝聚力方面具有不可替代的特殊作用。现代竞技体育是一个纷繁复杂的多元体系，奥运会作为受关注度最高的国际竞技体育赛事，在世界范围内影响力十分巨大。以奥运会为代表的重大国际比赛具有很强的国际可比性，是体育强国建设的鲜明指标和表现特征之一。近年来，世界主要大国围绕奥运会开展的综合国力的竞争日趋激烈，各国对于奥运会的备战投入有增无减，奥运会日益成为大国角力的舞台。里约奥运会我国女排夺得冠军，迅速在神州大地上刮起了一阵女排旋风，全国上下，一片欢腾，极大地振奋了民族精神，增强了民族自信心、自豪感和向心力。奥运金牌的光泽并没有因为中国竞技体育综合实力的上升而有所暗淡，竞技体育和奥运战略在国家经济和社会文化发展中仍将具有重要的地位和作用。在当前国际形势下，奥运战略只能加强，不能削弱，提高奥运成绩仍然是我国竞技体育发展的重要目标。

“十三五”期间，共有3届奥运会参赛任务，分别是2016年里约奥运会、2018年平昌冬奥会和2020年东京奥运会，要根据《2011—2020年奥运争光计划纲要》确定的目标，努力取得好成绩。在2016年里约奥运会上，中国体育代表团共获得26枚金牌、18枚银牌、26枚铜牌，共计70枚奖牌，创5项世界纪录和12项奥运会纪录，中国代表团发挥基本正常，总体上完成了参赛任务。2018年冬季奥运会，实现运动成绩稳中有升，力争在基础大项上实现突破，进入奖牌榜前列。2020年夏季奥运会，继续保持金牌和奖牌数领先，金牌和奖牌结构显著改善，潜优势项目、基础项目金牌和奖牌数占金牌奖牌总数的比例大幅度提升；集体球类项目整体水平显著提高，进入先进国家行列。

六、“十三五”规划中的体育产业发展目标是如何确定的？

《规划》提出的“到2020年，全国体育产业总规模超过3万亿元，在国民生产总值中的比重达1%，体育服务业增加值占比超过30%。体育消费额占人均居民可支配收入比例超过2.5%”的目标分别从体育产业的规模、对GDP的贡献、体育产业结构和体育消费四个方面提出了定量的目标。据统计，2014年我国体育产业总规模为1.35万亿元，2011—2014年体育产业实际年均增长率为12.74%。考虑到46号文件对体育产业发展的影响，以及体育产业分类体系所发生的变化，未来5年我国体育产业将有一个巨大增长空间，年增长速度预期将达到15%左右，按此计算，2020年我国体育产业总规模将达到3.12万亿。据此，《规划》明确提出了到2020年体育产业总规模超过3万亿元的目标。届时体育产业占GDP的比重将达到1%，接近发达国家的水平。从产业结构角度看，2015年，体育服务业占体育产业总规模的比例达到33.4%，且呈现出逐年上升的发展趋势。西方体育发达国家经验表明，随着城市经济的发展，服务型消费将成为体育消费的主流。体育服务业占体育产业的比重均超过60%。2014年46号文件《关于加快发展体育产业促进体育消费的若干意见》的颁布实施对体育服务业发展起到了重要推动作用。我国体育服务业存在较大的发展空间，推此提出到2020年，体育服务业占比超过30%的发展目标。关于体育消费，我国一直缺乏较为权威的数据，根据体育总局2014年抽样调查结果推测算，我国年人均体育消费370元左右，占人均可支配收入比例仅为1.85%。与发达国家人均200～600美元的体育消费相比，我国体育消费上升空间较大。未来5年，各级政府采取多种措施大力发展体育产业，促进体育消费，居民的体育消费潜力十分巨大，市场前景广阔，据此，《规划》提出了体育消费额占人均居民可支配收入比例超过2.5%的目标。

七、“十三五”规划中的体育文化的发展目标是如何确定的?

“十二五”期间我国体育文化建设虽然取得了重大进展，但仍存在较多问题。主要表现为：体育文化建设对体育事业的引领作用不足，体育文化工作缺乏具体抓手，体育文化建设和发展水平与体育改革和发展的要求尚有较大距离；一些体育部门与体育组织对当今信息社会和新媒体时代体育宣传与公共关系的重要意义和作用认识不清，对体育宣传面临的社会生态与媒介环境的变化认识不够，话语权和影响力有待提升，舆论引导、舆论应对及危机公关能力须进一步加强。“十三五”期间，体育改革发展需要体育宣传文化工作发挥好武装人、引导人、塑造人和鼓舞人的重要作用，发挥先进体育文化的引领作用，把握媒介格局、舆论生态、受众需求和传播技术的变化，明确主要工作任务目标：一是以不断满足体育强国建设和人民群众日益增长的体育文化需求，提高全民族体育文化意识为目标，逐步形成全面、协调、可持续发展的体育价值观和科学的发展观，充分发挥体育在构建社会主义核心价值体系中的作用；二是积极探索在体育发展新形势下体育文化建设的路径与方式，结合实际确定国家和地区的体育文化发展战略，逐步建立具有中国特色的体育文化工作体制与运行机制，打造体育文化精品工程，培育运动项目文化，力争打造一批高质量的体育文化精品工程，办好一批社会效益显著的体育文化品牌活动，把丰富多彩的体育文化理念融入到体育事业发展的各个环节，为精神文明建设增添力量；三是提高体育行政管理部门的媒介素养，为体育事业发展营造良好的舆论环境，构建科学、高效的体育宣传体制和机制，构建中国体育形象，实现体育对内凝聚民心、对外传播中国软实力的功能。

八、“十三五”规划中的体育发展如何贯彻五大发展理念？

党的十八届五中全会强调，实现“十三五”期间的发展目标，必须牢固树立并切实贯彻创新、协调、绿色、开放、共享的发展理念，这是关系我国发展全局的一场深刻变革，具有重大现实意义和深远历史意义。“十三五”期间的体育改革发展，必须紧跟时代步伐，与时俱进调整发展思路，以新的理念谋划各项工作。

（一）坚持创新发展，着力提高发展质量和效益

“十三五”期间，体育事业必须依靠创新驱动发展，把创新驱动战略摆在发展全局的突出位置，不断进行理论创新、制度创新、技术创新、管理创新，深化体育重点领域改革创新，增强发展活力。建立和完善资源布局合理、配置优化，适应体育领域大众创业、万众创新的科技创新体系。加快政府职能转变，坚持简政放权、放管结合、优化服务协同推进，深化行政审批制度改革；创新体育社会组织管理，大力引导、培育、扶持体育社团、体育民办非企业单位等体育社会组织发展；推进职业体育改革，积极探索社会主义市场经济条件下职业体育的发展方式。

（二）坚持协调发展，着力形成平衡发展结构

积极推动体育与经济社会协调发展，不断增强各项体育工作的系统性和协同性，促进体育事业与体育产业协调发展、竞技体育与群众体育全面发展，推动城乡体育均衡发展、区域体育联动发展。群众体育着眼于人民群众健身需求结构的变化，不断创新公共体育服务的形式；结合城镇化发展的动态趋势，努力做到基本公共体育服务乡镇常住人口全覆盖。竞技体育要在保持传统优势项目比较优势的同时，努力发挥竞技体育举国体制和市场机制的作用，不断拓展新的发展空间，努力提升潜优势和落后项目的水平，下大力气提高基础大项和“三大球”的竞争力；注重夏季项目和冬季项目、奥运项目和非奥运项目的协调发展。体育产

业要建立区域间协同发展机制，形成东、中、西部体育产业良性互动发展格局；进一步优化体育服务业、体育用品业及相关产业结构，着力提升体育服务业比重。

（三）坚持绿色发展，着力改善生态环境

充分发挥体育行业、体育产业绿色低碳优势，倡导健康生活方式，提高人民生活品质。组织开展科学健身主题宣传活动，引导各级各类媒体运用群众喜闻乐见的方式，普及健身知识，宣传健身效果，推广健康生活方式，提高公众对科学健身的知晓率、参与率。进一步完善国民体质测试常态化机制，加大科学健身指导力度。在奥运会等大型综合运动会筹办、体育场馆修建运营过程中注重节能环保，降低资源能源消耗。积极推进体育场馆管理体制改革和运营机制创新，减少重复建设。推行场馆设计、建设、运营管理一体化模式，将办赛需求与赛后综合利用有机结合，探索大型体育场馆所有权与经营权分离，激发场馆活力。

（四）坚持开放发展，着力实现合作共赢

开放合作是体育繁荣发展的必由之路。实现新时期体育融合发展，必须加强体育与文化、教育、卫生、国土、规划、旅游等部门的沟通合作，充分调动全社会共同参与体育事业发展的积极性和创造性。积极拓展体育新业态，引导和支持“互联网+体育”发展，积极鼓励社会力量进入体育领域，建设体育设施，开发体育产品，提供体育服务，着力扶持、培育一批有自主品牌、创新能力和竞争实力的骨干体育企业。

（五）坚持共享发展，着力增进人民福祉

把增进人民福祉、促进人的全面发展作为体育工作出发点和落脚点，着力于满足人民群众不断增长的体育需求，保障人民体育权利。加快建设水平较高、内容完备、惠及全民的基本公共体育服务体系，逐步推动基本公共体育服务在地域、城乡和人群间的均等化，以实施《全民健身计划（2016—2020年）》为主要抓手，落实目标任务和重大政策措施。保障特殊群体基本体育权利，构建政府主导、多元主体参与的特殊群体体育活动保障体系，加大供给力度，提高精准化服务水平，研制与推广适合特殊群体的日常健身活动项目、体育器材、科学健身方法。不断创新体育扶贫工作的方式和组织形式，实施精准援助，丰富革命老区、民族地区、边疆地区和贫困地区的体育生活，提高体育发展水平。

第三章

深化重点领域
改革创新增强体育发展活力

一、如何理解要深化重点领域改革创新?

“十三五”期间是我国体育改革的攻坚期，任务艰巨，压力繁重。面对严峻复杂的改革挑战和日益迫切的改革需求，《规划》在深刻认识和全面分析我国经济社会发展环境和体育发展形势的基础上，提出了“十三五”期间我国体育发展应重点突破的五项具体改革任务，即加快政府职能转变、创新体育社会组织管理、推进职业体育改革、实施足球改革及创新体育场馆运营。这五项改革任务的提出，既是对当前我国经济社会改革与发展形势的积极回应，也是体育领域进一步转变发展方式、深化体制机制创新、增强发展活力的现实选择，有着重要的战略地位和深远影响。

深化体育重点领域改革创新，是大势所趋、形势使然。未来5年是全面建成小康社会的决胜阶段，全面建成小康社会将为体育增强人民体质、服务社会民生、助力经济转型升级开辟新空间，全面深化改革和依法治国的战略部署将为体育改革注入新动力，大众创业、万众创新将为体育各领域改革和发展提供新引擎。未来5年也是我国体育发展更加严峻的改革攻坚期，经济发展新常态对体育与经济社会的协调发展提出了新任务，体育供给侧结构性改革对体育治理水平提出了新挑战，人民群众日益增长的体育需求对转变体育发展方式提出了新要求。“十三五”期间，面临内外形势的深刻变化，我们要乘势而为，迎难而上，以更加先进的理念、更加宽广的视野，坚定不移地深化改革，扎实推进各项工作，在新的更高起点上推动我国体育事业实现全面协调可持续发展。

深化体育重点领域改革创新，是问题倒逼、必经的关口。“十二五”以来，我国体育发展成就显著，但一些长期制约体育事业健康发展的体制性、结构性矛盾依然比较突出。体育领域改革发展与全面深化改革的总体要求和体育强国建设的总体目标仍不相适应，人民群众日益增长的多元化、多层次体育需求与体育有效供给不足的矛盾依然突出，体育管理体制的改革尚须深化，体育发展方式亟待转变，管办不分、政社不分、事社不分的体制弊端制约了体育发展活力，调动社会力量参与体育的政策措施尚不完善，体育社会化水平不高，体育与经济社会协调发展的机制还不健全。全民健身公共服务体系有待进一步完善，支持和培养体育社会组织发展的体制机制还不完善。竞技体育结构布局还不够科学合理，一些影响广泛的基础大项和集体球类项目水平较低。体育产业总体规模不大与结构不完善并存，体育服务业比例和种类偏低，社会力量参与体育产业的渠道有待拓展等。

破解这些发展难题，必须深化改革，以改革促发展，破除体制机制障碍，增强体育发展活力，不断形成中国特色社会主义体育发展道路和发展方式。《规划》提出的5项具体改革任务是“十三五”期间深入推进体育事业改革创新的基础性工作，是增强体育发展活力的重要保障，有着重要的战略地位和全局意义。改革任务事关我国体育管理体制与运行机制的完善，是建立中国特色体育发展道路的重要内容，是形成政府主导、市场参与、社会协同的现代体育治理体系的重要组成部分和集中体现，必须在“十三五”期间谋划好，落实好。

二、如何理解加快政府职能转变？

党的十八届三中全会明确指出“必须切实转变政府职能，深化行政体制改革，创新行政管理方式，增强政府公信力和执行力，建设法治政府和服务型政府”。“十二五”期间，体育系统坚决贯彻落实党中央、国务院的决策部署，加大改革力度，采取有效措施，积极主动推进政府职能转变，取得了良好的效果。

（一）简政放权，深化行政审批制度改革

自本届政府成立以来，体育总局共取消和下放了4项行政审批事项，取消了国家正式开展的体育竞赛项目立项审批、运动员交流协议批准、国家级裁判员审批，下放了经营高危险性体育项目许可。提前完成了削减三分之一行政审批事项的任务；做好中央指定地方实施行政审批事项改革工作，清理了全部中央以其他形式指定地方实施的许可事项，将法律法规指定地方实施的行政许可事项清理至仅剩5项；做好部门规章和规范性文件的清理任务，协同推进商事制度改革，体育部门涉及工商登记后置审批制度改革的主要有2个事项，即经营高危险性体育项目许可和举办健身气功活动及站点审批，相关规章修改工作已完成并印发。

（二）取消商业性和群众性体育赛事活动审批工作

印发了《体育总局关于推进体育赛事审批制度改革的若干意见》和《全国性单项体育协会竞技体育重要赛事名录》，对于在华举办的国际赛事进行分类管理，全面推进体育赛事审批制度改革。

（三）坚持放管结合，加强事中事后监管

在取消下放行政审批事项的同时，不断完善相关规章制度，推进政

府监管体制改革，加快构建事中事后监管体系，不断提高行政管理的科学化、规范化水平。规范行政审批行为，实行“一个窗口”受理，及时自查，确保行政审批制度改革取得实效，新设行政许可程序工作。

（四）建立健全政府购买服务制度，不断丰富体育供给

加强对政府向社会力量购买公共体育服务工作的组织领导、政策支持、财政投入和监督管理，按照相关法律法规要求，坚持与体育事业单位、体育协会改革相衔接，坚持与完善体育管理体制相衔接，进一步发挥市场在公共体育资源配置中的积极作用，推进政府向社会力量购买公共体育服务与培育社会化公共体育服务力量相结合，规范和引导体育社会组织健康发展，逐步构建了多层次、多方式的公共体育服务供给体系。

《规划》提出加快政府职能转变，就是要深化政府体育管理体制改革，厘清政府、市场、社会组织权力边界，逐步形成适应我国经济社会发展的体育管理体制，逐步形成政府主导、市场参与、社会协同的体育治理体系。坚持简政放权、放管结合、优化服务协同推进，深化行政审批制度改革，切实落实国务院关于行政审批的各项要求，探索建立加强体育事中事后监管新模式。通过制定政府购买体育服务指导性目录，依照法定程序，将部分体育事务交由符合条件的社会组织、事业单位负责，逐步形成层次多、方式巧、途径新的体育服务供给格局。健全体育工作评价方式，实行体育工作年度监督、中期评估和终期检查制度，注重体育发展绩效评估，在监督体育发展目标实现的基础之上，更加注重对体育发展投入产出效益、公民满意度的评价，落实与完善体育发展反馈与问责机制。

三、如何理解创新体育社会组织管理?

体育社会组织，尤其是基层体育社会组织，是进一步健全全民健身公共服务体系的重要组成部分，在丰富全民健身活动、活跃体育赛事、开展健身指导等方面有重要作用，是政府及其体育部门之外体育事业发展的重要力量。但是，目前我国体育社会组织总体发展还比较薄弱，体育社会组织参与体育发展还面临诸多矛盾和亟待解决的问题，如相关政策法规和顶层设计有待完善；体育社会组织官方色彩浓厚，亟待去“行政化”；对新涌现的网络、草根体育组织重视和扶持力度不够；体育社会组织专业化水平普遍不高；相关组织参与渠道不通畅等。自20世纪90年代进行运动项目管理体制改革以来，我国逐渐形成的体育总局各项目管理中心与全国性单项体育协会“两块牌子、一套人马”的特有体制弊端日益显现。为了解决项目管理中心职能被强化，全国性单项体育协会职能被弱化，项目管理中心和全国性单项体育协会职责不清、利益关系复杂等问题，2014年12月，体育总局党组研究出台了《以运动项目管理中心和单项体育协会改革为突破口，深化体育管理体制改革的方案》，提出针对不同类型的运动项目管理中心和全国性单项体育协会的职责、任务，确定不同的改革目标，采取不同的改革方式，实施不同的改革步骤，坚持边试点、边推进，试点先行，逐步推开。2015年7月，中办、国办印发了《行业协会商会与行政机关脱钩总体方案》（以下简称《方案》），《方案》明确指出取消行政机关（包括下属单位）与行业协会商会的主办、主管、联系和挂靠关系。针对行业协会改革，体育总局已根据中央有关要求，按照“统筹考虑、试点先行、分类推进、分步实施”的原则，进行了改革试点工作，启动了第一批14个全国性体育协会与总局的脱钩改革试点工作。目前，正按照国家有关部门的要求推进第二批改革试点工作。

《规划》提出创新体育社会组织管理，就是要坚持简政放权，树立“小政府、大社会”的改革思路，真正实现“政社分开”。要突破体育组织“一业一会”格局，引入竞争机制，强调公平、公开原则，实行优胜劣汰，强化体育社会组织自我约束及自治能力。必须注重基层，扶持网络、草根体育组织的成长转化。要加强实体性体育社会组织建设，建立网络、草根体育组织孵化制度，降低体育社会组织的准入门槛，构建管理规范、覆盖面广的体育社会组织网络体系。要按照“统筹考虑、试点先行、分类推进、分步实施”的原则，稳妥推进体育协会与行政机关脱钩工作，继续开展全国性单项体育协会改革试点，积极开展地方体育协会改革工作。

四、如何理解推进职业体育改革？

职业体育是我国体育发展的重要组成部分，具有很强的带动和辐射作用。相比发达国家，我国职业体育发展较为滞后。目前，我国设有职业联赛的项目主要有足球、篮球、排球、乒乓球、围棋等，多处于半职业化状态，即使职业化程度较高的足球、篮球项目也没有实现完全职业化、市场化运作。此外，还存在一系列问题，突出体现在开展职业化的运动项目和从业者较少职业俱乐部管理运营不规范，联赛管理主体管办不分，市场主体自主管理、自我运营的职业体育联盟的创立存在制度障碍等。我国目前职业体育发展水平较低，职业化项目少，职业教练员、运动员数量少，职业体育的政策制度体系还很不完善，职业俱乐部运行、球员转会交易、税收、人才培养、商业保险等方面都需要不断完善。

为此，要完善制度，优化环境，深化职业体育管理体制改革。充分发挥市场的主导作用，加快职能转变，深化运动项目协会改革，发挥运动项目协会的行业管理职能，推进职业体育信用体系建设，构建政府引导、依托市场、协会监管的联赛管理体制。鼓励与支持有条件的足球、篮球、排球、网球、台球、高尔夫球、乒乓球、羽毛球等体育项目走职业化道路，逐步提高职业体育的成熟度和规范化水平。按照《中国足球改革发展总体方案》和《中国足球协会调整改革方案》，全面深化中国足球协会改革，中国足球协会切实履行领导和治理中国足球的任务。探索篮球职业联赛管理体制改革，实行全国男子篮球联赛（NBL联赛）的管办分离，实现NBL联赛篮球俱乐部依法独立自主运营赛事，并不断总结经验，加以完善。贯彻实施中国男子篮球职业联赛（CBA联赛）改革总体方案，成立CBA联赛公司，实现CBA联赛管办分离改革。鼓励具备条件的运动项目走市场化、职业化的发展道路，逐步推进排球联赛、乒超联赛、羽超联赛等进行职业化改革。推动运动项目市场化、职业化发展，要注意协调处理好职业化与提高竞技水平为国争光的关系，协调处理好职业联赛与参加国家队备战和国际大赛的关系，互相促进，共同发展。根据不同项目的特点，将国内比赛、世界大赛与市场开拓紧密结合，重视职业体育赛事的品牌运营。学习和借鉴国外成熟经验，结合我国国情，设计和推出传统精品赛事，开发国内外竞赛市场，培育具有品牌优势的中国职业体育赛事和职业体育俱乐部，逐步建立有中国特色的职业体育发展模式。

五、如何理解实施足球改革？

足球是全民健身的重要事业，国民经济的重要产业，体育强国的重要基石，民族精神的重要载体，振兴和发展足球是全国人民的热切期盼，关系到群众身心健康和优秀文化培育，对于建设体育强国、促进经济社会发展、实现中华民族伟大复兴的中国梦具有重要意义。中央全面深化改革领导小组审议通过了《中国足球改革发展总体方案》，《中国足球协会调整改革方案》和《中国足球中长期发展规划（2016—2050年）》相继发布，足球的体制机制、政策措施改革发展进入了全新阶段。

当前，我国足球运动逐步发展，经常参加足球运动的人数达到一定规模，球迷人数过亿，校园足球初步普及，联赛体系逐渐形成，社会足球初具氛围，足球产业初具规模，产业链不断拓展，带动作用日趋增强。足球国际活动明显增加，国际化程度日益提高，国内俱乐部与国际高水平俱乐部形成合作机制。尽管我国足球发展取得了一些进展，具备了一定的基础，但总体看仍然存在许多问题：发展理念滞后，对足球价值和发展规律认识不足，急功近利的思想较为严重；体制机制落后，政社不分、管办不分、事企不分的问题依然存在；法治水平偏低，行风不正、竞赛秩序较乱，缺乏有效监管；足球基础薄弱，人才短缺、设施不足，难以满足社会日益增长的足球运动需求。《规划》提出加快足球发展，实施足球改革还需做好以下几方面工作：

（一）构建制度体系

科学构建中国特色足球管理体制，搭建政府统筹推进、部门分工负责、社会广泛参与的管理框架。深化足球协会管理体制改革，调整改革中国足球协会，完善中国足球协会内部管理机制，健全协会管理体系，逐步建立体制完善、结构合理、职责明确、规章健全、监管完善的协会管理体制，形成协会依法自主管理、科学民主决策的新机制。

（二）培养人才队伍

大幅扩大青少年足球参与规模，加强校园足球建设，以市场化、社会化为导向，构建多渠道、多形式人才发现和培养机制，不断增加足球人才后备力量。显著扩大教练员、裁判员队伍，提高体育教师的足球教学水平，发展足球专业教师队伍，培养学校足球教练员、裁判员。加强职业教练员、裁判员队伍建设，不断完善教练员、裁判员培训体系。建立职业运动员良性发展机制，逐步增加注册球员。培养复合型足球行业人才，加强足球产业人才的国际合作与交流。

（三）建设场地设施

科学规划足球场地设施发展，扩大足球场地供给，优化类型结构，提高设施质量，不断满足全社会足球运动发展需求。加大校园足球运动场地建设力度，提高学校足球场地利用率，加快形成校园场地与社会场地开放共享机制。推进社区配建足球场地，在城市建设和新农村建设规划中统筹考虑社区足球场地建设，鼓励建设小型化、多样化的足球场地，方便城乡居民就近参与足球运动。

（四）丰富赛事活动

广泛开展以强身健体和快乐参与为导向的校园足球比赛，逐步健全高校、高中、初中、小学校园足球四级赛事，科学、合理、适度组织竞赛活动。优化职业联赛结构，改进职业联赛框架布局，形成中超、中甲、中乙参赛球队数量递增的联赛结构，稳定扩大中甲、中乙联赛队伍规模，提升职业联赛竞赛质量，推动职业俱乐部建立现代治理结构。支持社会足球赛事活动，加强对社会足球运动的宣传推广。

（五）壮大足球产业

大力发展足球服务业，积极发展高水平的足球赛事，推动电视转播、媒体广告、网络服务、大众娱乐等相关产业发展。大力开拓足球场馆运营、足球培训、足球中介代理机构等服务市场，加快发展足球金融保险服务业。做大做强足球用品制造业，大力发展足球制品、运动服装、器材设施、纪念品的研发设计、生产制造和销售推广，打造若干龙头企业和国际品牌。加快足球产业与旅游业、建筑业、文化创意、餐饮酒店、健康养生等行业的互动发展，催生足球运动新业态。

（六）培育足球文化

传承中华民族的传统文化，树立健康、快乐、进取的足球理念，充分发挥足球在强身健体、立德树人方面的积极作用，让参与足球成为健康生活的重要方式。大力弘扬拼搏进取、团结协作、快乐分享的体育精神。加强诚信体系建设，积极倡导尊重规则、尊重对手、尊重观众的行为规范，不断增强足球运动的集体荣誉感和民族自豪感。注重发挥新媒体作用和足球志愿者奉献、友爱、互助、进步的精神，努力培育文明参赛、文明观赛的良好氛围，使足球运动成为传播正能量的重要载体。

（七）促进足球开放

实施海外人才引进计划，吸引高水平的足球人才来华工作，完善出入境、居留、医疗、子女教育等相关政策。积极引入境外资本，优化本土俱乐部等足球企业的股权结构，提高运营管理水平和多元化营利能力。拓展足球对外交流渠道，鼓励各类主体举办形式多样的国际足球交流活动。鼓励足球各类专业人才赴国外学习、培训，支持更多的优秀专业人才赴国际组织工作。

六、如何理解创新体育场馆运营？

体育场馆设施是发展体育事业和体育产业的重要物质基础和阵地，对于完善城市功能、推动全民健身、服务和改善民生具有重要作用。近几年，一些大型体育场馆在赛后运营方面，存在着体制机制不适应、运营效能不佳、服务能力不强、利用水平不高等问题。《规划》提出“创新体育场馆运营”，主要是基于以下几方面考虑：

第一，体育场馆运营管理体制机制陈旧，尚未建立起提供公共服务和市场化开放、企业化运营有机结合的机制，体育场馆经营权和所有权未分离，市场化经营意识不强，运营模式落后，没有很好挖掘并开发利用场馆的价值，没有摆脱事业单位运营模式的弊端，场馆活力没有被真正激发。

第二，体育场馆的赛事功能没有与赛后综合利用有机结合，场馆设计、建设、运营管理一体化模式没有真正建立，一些大型体育场馆仅仅为了满足大型赛事的竞赛功能需要，而不是站在运营管理的角度去规划建设。经过北京奥运会等大型综合性运动会场馆建设、运营经验的实践，《规划》提出推行场馆设计、建设、运营管理一体化模式，是可操作的、具有前瞻性的，是希望能够系统解决大型体育场馆规划建设和赛后运营的问题。

第三，当前体育场馆运营主体较为分散，行业缺少跨区域、规模化、专业化的运营机构。进行品牌、管理、资本输出在文化、酒店等行业较为普遍，体育场馆由于其特殊性，输出难度较大。为推动体育场馆的运营发展，需要扶持壮大行业的运营管理主体，培养龙头企业，鼓励进行品牌、管理、资本输出，快速搭建有规模、专业化的运营平台，向大剧院等文化类场馆运营管理模式靠拢。《规划》提出“鼓励场馆运营管理实体通过品牌输出、管理输出、资本输出等形式实现规模化、专业化运营”，有积极的导向性。

第四，大型体育场馆复合经营能力不强，服务领域较为狭窄，使用效率不高。事实上，大型体育场馆功能多样，除全民健身以外，还可开展体育赛事、文化活动、群体活动、体育培训、体育商业、体育商务、体育会展、体育旅游等经营性内容，只有丰富了服务内容，才能提高使用效率，才能更好地服务城市发展，打造城市体育服务综合体。

第四章

落实全民健身国家战略，加快推动群众体育发展

一、“十二五”期间我国群众体育发展情况如何?

“十二五”以来，在党中央、国务院的正确领导下，体育总局会同有关部门、群众组织、社会团体和社会各界，深入贯彻落实《全民健身计划（2011—2015年）》，扎实推进群众体育工作，取得了明显的效果。

（一）经常参加体育锻炼的人数比例上升

随着经济社会发展和人们生活水平的提高，城乡居民的体育健身意识普遍增强，它逐步成为了更多人的日常生活方式。据统计，截至2014年底，全国经常参加体育锻炼的人数比例达到33.9%，城乡居民达到《国民体质测定标准》合格以上的人数比例为89.6%。

（二）体育健身场地设施有较大幅度增加

根据第六次全国体育场地普查结果，截至2013年底，我国共有体育场地169.46万个，人均体育场地面积为1.46平方米。加上健身场地设施2014年对人均体育场地面积的贡献（0.08平方米），以及2015年体育总局通过建设农民体育健身工程和全民健身中心，截至2015年底，我国人均体育场地面积达到1.57平方米以上。

（三）社会化群众体育组织网络基本形成

经过5年的建设和发展，一个遍布城乡、规范有序、富有活力的社会化群众体育组织网络正在形成。全国县级以上地区体育总会平均覆盖率达到72%，单项体育协会、行业体育协会及老年人、残疾人、少数民族、农民、学生等体育协会数量大幅增加。各地的民间体育组织、网络体育组织、广场健身队伍等健身组织蓬勃发展。城市社区普遍建有体育健身站点，全国全民健身站点平均已达到每万人3个。

（四）群众体育活动丰富多彩

在过去的5年中，示范性健身活动、制度化项目业余联赛、自发性群众身边活动等多种形式的群众体育活动蓬勃开展。活动形式从大型展示活动向就近就便、小型多样转变，活动组织从政府组织向依托社会、全民参与转变，参加人群从少数固定集中到大众日常分散转变，活动内容从传统单一向多样时尚转变。各地结合当地传统特色和群众需求喜好，打造了“一地一品”“一区一品”“一行一品”的全民健身品牌活动。打造了以青少年“阳光体育大会”为龙头的青少年阳光体育系列活动，广泛开展了全国各级体育传统项目学校联赛活动。

（五）全民健身指导和志愿服务队伍不断壮大

截至2014年底，获得社会体育指导员技术等级证书的人数已经超过170万，获得社会体育指导员国家职业资格证书的人数达到12万，全国平均每一千人拥有公益社会体育指导员1.7人。除社会体育指导员外，各地还广泛组织优秀运动员、科研人员、体育教师等深入群众，开展健身知识宣传、健身技能培训、健身设施维护和其他各类志愿服务活动，在全社会地营造关心群众体育、参与志愿服务的良好社会风尚。

（六）科学健身指导服务惠及城乡居民

在过去的5年中，各省（区、市）充分利用媒体宣传科学健身知识和方法，探索建设科学健身示范区、体质测定与运动健身指导站、开展“阳光体育科学健身校园行”活动等科学健身常态化运行模式，开展针对不同人群的体质测试工作，并依据个人体质状况提供有针对性的科学健身指导服务，增强全民健身的吸引力，提高科学健身的质量和水平。各省（区、市）每年接受体质测试的人数平均在8万以上。

尽管“十二五”以来我国群众体育发展成就显著，但影响群众体育发展的一些深层次矛盾和问题依然存在，主要表现在：群众体育在地区间、城乡间、人群间发展依然不平衡，全民健身公共服务体系尚需进一步完善，参与群众体育的社会力量动员还不够，积极性还不高，体育社会组织有待发展壮大，公共财政的投入仍然较低，全民健身氛围不平衡、信息化程度不高，人民群众日益增长、渐趋多元的体育需求与体育有效供给不足的矛盾依然突出。

二、如何理解不断完善基本公共体育服务?

党的十八大和十八届三中、四中、五中全会都强调，要重视和加强基本公共服务建设。体育是国家基本公共服务的重要内容，《国家基本公共服务体系“十二五”规划》以及《“十三五”推进基本公共服务均等化规划》，都对基本公共体育服务提出了明确要求。基本公共体育服务是公共体育服务中最基础的部分，其核心是全民健身公共服务。随着经济社会的发展和人民生活水平的提高，基本公共体育服务范围会逐步扩展，水平也会逐步提高。基本公共体育服务体系，是由基本公共体育服务内容和标准、资源配置、供给方式、管理运行等内容所构成的系统性、整体性的制度安排。加强基本公共体育服务体系建设，是落实全民健身国家战略、推进健康中国建设的重要工作，是转变政府职能、建设服务型政府的内在要求，是促进体育发展方式转变、实现体育强国目标的重要选择。在“十三五”全面建成小康社会的决胜阶段，不断完善基本公共体育服务体系具有十分重要的意义。

“十二五”以来，我国基本公共体育服务体系建设成效显著，主要表现在：公共体育场地设施有较大幅度增加，全民健身组织网络基本形成，全民健身指导和志愿服务队伍不断壮大，多种形式的科学健身指导服务惠及城乡居民。虽然“十二五”以来全国基本公共体育服务体系建设取得了一定成绩，但由于底子薄、欠账多，基本公共体育服务体系在总体上还与全面建成小康社会的目标要求和群众日益增长的体育需求不适应。具体来说，主要表现在：基本公共体育服务体系不完善，服务效能不高；不同地区间、城乡间基本公共体育服务发展不平衡；各级公共财政投入依然较少，不能为基本公共体育服务体系建设及其日常运行提供足够经费保障。

“十三五”期间基本公共体育服务体系建设必须牢固树立创新、协调、绿色、开放、共享五大发展理念，以增强人民体质、提高人民健康水平为根本目标，以不断满足人民群众日益增长的体育健身需求为出发点和落脚点，坚持政府主责、多方合作，保障基本、引导预期，改革创新、完善制度、统筹规划、均衡发展的工作原则，强化基本公共体育服务保障，提高共建能力和共享水平，努力提升群众的获得感、公平感和幸福感。

（一）以保障基本公共体育服务供给为核心，实现基本公共体育服务均等化

重点解决好以下五个方面的薄弱环节：一是重点扶持革命老区、民族地区、边疆地区、贫困地区建设基本公共体育服务体系，进一步加强青少年、老年人等人群体育；二是做好公共体育设施建设管理工作；三是加快普及发展“三大球”和冰雪运动，加强对城乡居民的科学健身指导；四是充分发挥体育社会组织在基层开展全民健身活动的作用；五是做好宣传和舆论引导工作，营造有利于基本公共体育服务体系建设的良好氛围。

（二）以完善政策和标准为支撑，实现基本公共体育服务标准化

一是配合国家发展改革委研究编制国家基本公共服务体系“十三五”规划，明确“十三五”基本公共体育服务体系建设的思路、原则、任务和保障措施，建立“十三五”国家基本公共体育服务项目清单和服务标准；二是会同文化部制定国家基本公共文化服务指导标准，明确基本公共体育服务在县、乡镇（街道）、村（社区）应具备的硬件和软件内容；三是在借鉴吸收中央有关部门与地方公共服务体系建设经验做法的基础上，研制关于全民健身公共服务体系建设的指导文件，

研究建立全民健身公共服务绩效评估指标体系，明确全民健身公共服务体系的范围标准、资源配置、管理运行、供给方式、评估办法等有关内容；四是组织研制全民健身中心、社区多功能公共运动场、室外健身器材等单项体育场地设施的国家标准，进一步规范这些体育场地设施的建设与管理，包括设施的规划建设、分类配置、安全运行、管理服务等。

（三）坚持开放发展、融合发展，推进基本公共体育服务供给多元化，构建参与主体多元化、供给渠道多元化、供给内容多元化、供给模式多元化的基本公共体育服务体系建设格局

参与主体多元化，就是要构建“政府主导，部门协同，全社会共同参与”的基本公共体育服务体系建设多元化工作机制。供给渠道多元化，就是既要有政府直接提供的服务，也要有政府通过购买、委托等间接方式提供的服务；既要有传统的面对面服务，也要利用互联网、物联网等现代科技手段，打造“互联网+”等基本公共体育服务供给平台，推行网上和线上服务。供给内容多元化，就是着眼于满足大众对基本公共体育服务的多元需求，有场地设施硬服务，也有科学健身指导培训等软服务，还有针对不同人群需求特点的个性化服务。供给模式多元化，就是要求各地因地制宜，积极探索，建立体现当地特色、符合当地实际、切合当地群众需求的基本公共体育服务供给模式。

（四）以制定实施法规、加强督促检查和绩效评价为抓手，推进基本公共体育服务体系建设法制化

一是用法治思维和法治方式开展工作，提高体育治理能力和治理水

平。依法行政、依法办事、依法治体，规范权力运行，以制度管人、管事、管权。将问需于民、集体讨论等作为法定工作程序，保证决策和执行工作合法合规、科学规范、程序正当。二是强化政府部门对基本公共体育服务体系建设的法定职责，将基本公共体育服务体系建设任务指标、人财物投入、保障措施、部门职责等内容固定下来，纳入地方法规和规章，营造办事依法、遇事找法、解决问题用法、化解矛盾靠法的良好法规制度环境。三是贯彻落实好国家有关法律、法规和规范性文件，包括《全民健身条例（2016—2020年）》和《体育发展“十三五”规划》等，在基本公共体育服务体系建设中不缺位、定准位、用好位。

三、为什么要实施健身场地设施建设工程？

“十二五”以来，我国体育健身场地设施有较大幅度增加，有效地促进了全民健身运动的开展。至2015年底，我国人均体育场地面积至少达到1.57平方米，全国各地（市）、县（区）、街道（乡镇）、社区（行政村）已经普遍建有体育场地，配有体育健身设施，市（地）、县（区）50%以上建有全民健身活动中心，街道、乡镇50%以上建有便捷、实用的体育健身设施，城市社区、农村行政村50%以上建有便捷、实用的体育健身设施。建有乡镇体育健身工程16911个，占全国乡镇数的40.6%，农民体育健身工程467996个，覆盖全国74.13%的行政村。其中，2011~2014年，建成全民健身活动中心3405个、社区多功能运动场9447个、体育公园2366个、健身广场24879个、户外营地878个、室外健身器材169万多件。虽然我国体育健身场地设施建设有了长足的进步，但体育场地设施的建设和使用与群众的需求还存在较大差距，发展依然不平衡，区域及城乡差异明显，广大农村和经济欠发达地区，不仅没有室内健身场所，户外的体育设施也相对简陋，数量和种类都偏少。虽然全国城市社区、农村行政村50%以上建有便捷、实用的体育健身设施，但是，全国仍有一些省（区、市）城市街道室内外健身设施的覆盖率没有达到50%以上，有部分省（区、市）行政村农民体育健身工程的覆盖率没有达到50%以上。公共体育场馆和学校体育设施对社会开放程度和利用率依然不高，全国公共体育场馆平均开放率为86%，还有部分省（区、市）开放率在80%以下。全国近一半省（区、市）学校体育场地开放率在50%以下。

“十二五”期间，在体育场地设施总量、人均体育面积增长的同时，仍然存在体育场地设施分布不合理的问题。其中最突出的问题是社区体育场地建设落实不到位。从部分省（区、市）自评报告反映的情况看，由于过去缺乏规划，居民旧小区普遍缺乏健身场地，健身路径也只能采取见缝插针的办法。新建小区时要求居民住宅区主体工程要与配套体育设施实行“同步设计、同步建设、同步投入使用”的政策落实不到位，没有预留健身用地、健身场地面积减少、设置不合理等问题还比较突出。因此，《规划》提出实施健身场地设施建设工程，提高全民健身活动中心覆盖率、城市街道及乡镇健身设施覆盖率，做到行政村（社区）健身设施全覆盖，着力构建县（市、区）、乡镇（街道）、行政村（社区）三级群众身边的全民健身设施网络和城市社区15分钟健身圈，努力实现到2020年人均体育场地面积达到1.8平方米的目标。

四、如何理解广泛开展丰富多样的全民健身活动?

全民健身是实现全民健康的重要途径和手段，是全体人民增强体魄、幸福生活的基础保障。开展全民健身活动是鼓励群众积极参与健身、养成健身习惯的重要途径。今后一个阶段，在开展全民健身活动中应从以下几方面发力：

（一）完善业余体育竞赛体系

进一步完善业余体育竞赛体系，首先，要理顺多元主体间的关系，充分体现和发挥政府部门的引导与调控功能、运动协会的规范与示范功能、社会力量的广泛活跃与创新功能，避免出现职能越位或缺位、相互扯皮的现象，从而提升业余体育竞赛的管理效率。其次，诸多政策文件中都提到发展品牌赛事的重要性，它在提升竞赛活动知名度、宣传树立城市形象等方面具有重要的作用。因此通过有力的宣传推广，可以获得更多赞助、资源，凝聚人气，提升赛事影响力。再次，文化作为具有深远价值的无形资产，是业余体育竞赛不可缺少的灵魂与支柱，有了丰富的体育文化内涵，才能够创造自身独有的品牌，获得长久发展。最后，作为一个社会系统，业余体育竞赛体系必须关注其内、外环境的变化，把握时代形势，做到灵活发展、与时俱进，从而使我国业余体育竞赛体系拥有更广阔的发展前景。

（二）鼓励和举办不同层次和类型的全民健身运动会

全民健身运动会属于运动会形式的全民健身活动。根据地区自然环境及经济文化差异，全民健身运动会在项目种类及举办层级上会有很大差别，所以在举办全民健身运动会时，不能一刀切，要做到因地制宜。例如根据自然环境的差异，可以在保护环境的基础上充分利用当地自然优势，发展特色项目。而在少数民族地区应尊重当地民俗，在项目组成上体现民族特色。除此之外，还要关注到不同层次群体的体育需求，针对边远落后地区群众，特别是老年人、女性、儿童、残疾人等特殊群体的体育需求，要鼓励和研究举办符合其实际需求的全民健身运动会。

（三）打造具有区域特色、行业特点、影响力大、持续性强的品牌赛事活动

品牌体育赛事是在一定地域内，以竞赛为核心，具有独特魅力和较高知名度、影响力，并对举办地的政治、经济、文化等方面都具有很强辐射功能的体育赛事。举办品牌赛事应根据地域特色文化对赛事项目、举办地点、举办时间科学选择。赛事品牌无法速成，需要经过时间的沉淀和锻造，需要多向国外优秀品牌赛事学习，增强品牌体育赛事的可持续性。保持举办地政府部门、赛事运营企业、媒体等沟通机制畅通，研究开发品牌体育赛事配套政策，并协调各部门，保证其落地实施，发挥媒体作用，吸引更多群众参与。在保证赛事运行质量的前提下，节俭办赛，防止铺张浪费。成立第三方评估小组，对赛事运营企业进行评估，运用市场机制择优运行品牌体育赛事。完善监督监管机制，对赛事进行监督监管，防止出现权力寻租等违法行为。打造创新机制，推出创新举措，提高赛事质量，吸引更多的参赛者和观众。

在开展全民健身活动中，需要发挥全国性体育社会组织在开展全民健身活动、提供专业指导服务等方面的龙头和示范作用，发挥草根、网络组织在开展小型多样、贴近群众的健身活动方面的优势，做到因时、因地、因需开展群众身边的健身活动，分层分类引导运动项目发展，丰富和完善全民健身活动体系，从而最大程度地满足人民的体育需求。

五、如何理解基本建成覆盖全社会的全民健身组织网络？

现阶段，全民健身工作所取得的成效主要得益于政府主导作用的发挥，而资源丰富、潜力巨大的社会力量作用还没有充分发挥。政府体育主管部门简政放权、实行政社分开和管办分离还不彻底，限制了社会力量及其作用的发挥。引导和鼓励社会力量参与全民健身的优惠政策不足，制约了各类企业投资全民健身事业的积极性。关于社会力量参与全民健身的制度安排，虽有部分政策法规出台且已运行，但仍未成体系。对新涌现的网络体育组织、草根体育组织重视和扶持不够。企业融入全民健身事业的积极性不高，社会各界人士参与全民健身发展的路径也不通畅。

政府对体育社会组织扶持力度明显不足，各级体育社会组织发展相对缓慢、数量偏少、作用发挥不够，社会组织的职能弱化明显，全民健身主要依赖政府的局面没有完全改变。到2014年年底，县级以上体育总会仅有8个省（区、市）的覆盖率达100%。绝大部分市、县体育主管部门与教育、文化、广电、旅游等部门合并，县及以下单位没有体育行政主管部门，体育社会组织建设相当薄弱。基层体育行政机构的末端只到达县（市）、区一级，乡镇（街道）、村（社区）级基本上没有体育组织，其他非体育行政组织也未能深入到基层，全民健身工作在基层推进困难。

作为全民健身工作的宣传者、全民健身活动的组织者、科学健身方法的辅导者、群众健身场地设施的维护者和健康文明生活方式的引领者，社会体育指导员在全民健身工作中发挥着重要作用。目前，全国公益社会体育指导员拥有率依然有部分省（区、市）只有1.0‰，还有个别省（区、市）仅为0.5‰。同时，社会体育指导员还存在着专业技能弱、与运动项目脱节、主动参与全民健身指导实践的动力不足、上岗率不高等问题。社会体育指导员作用的发挥还有较大提升空间。

因此，需要健全全民健身组织网络，提升社团组织的服务水平，推进全民健身活动站（点）网络化、规范化建设，构建全民健身“行政组织—社会组织—民间健身组织（非登记注册）”的网络体系。推动全民健身组织实体化发展，通过组建经营实体、建立培训基地、创建品牌赛事等，提高全民健身组织综合服务能力，促进全民健身组织向规范化、规模化方向发展。切实发挥社会体育指导员的作用，加强社会体育指导员日常指导服务的组织推动和注册管理，并加强基层社会体育指导员协会建设，提高全民健身指导的组织化程度。通过购买服务的方式，鼓励社会体育指导员在全民健身活动站点开展日常性健身指导服务。重视对社会体育指导员的宣传和表彰工作，通过媒体广泛宣传报道社会体育指导员在全民健身中的志愿服务形象，使志愿服务长效化。

六、如何理解加大科学健身指导和宣传力度？

当前，我国全民健身指导的科学化水平和信息化水平还比较低，科学健身知识普及、科学健身方法推广、健身咨询服务提供等方面还有待加强。“十三五”期间，需要尽快建设具有中国特色的运动处方库，研制发布中国人健身活动指南，增强科学健身指导内容的科学性、针对性和有效性。加强科学健身指导服务平台建设，为科学健身指导提供必要的组织机构保证。科学健身指导服务站点应充分体现“政府主导、社会参与、市场运作”的模式，积极探索市场化道路，鼓励引导企业参与，采用PPP模式，各级政府投入硬件建设，鼓励社会投入，公司化、企业化运作，全方位开展全民健身服务工作。通过科学健身指导服务平台的建设，在满足群众对自身健康状况进行动态监控的同时，达到实时、动态、客观掌握我国国民体质与健康状况的目的。

“十三五”期间，还需要加强科学健身指导信息化建设，为科学健身指导构建先进的桥梁。未来信息世界中智能终端、通信网络、服务及应用将极大发展，智能终端是数据采集、用户交互和服务及应用的承载载体，通信网络是信息数据传输和交互的通道。科学健身指导信息化建设将深刻改变信息时代的社会生活，并逐渐渗透到人们生活、工作的各个领域中。充分应用先进信息技术，建设先进、权威的全国运动健康信息化体系，为科学健身提供便利条件，并对科学健身知识进行广泛普及，提高群众的科学健身意识、素养和能力。

要加强科学健身方面的科普工作，提高广大人民群众的健身意识、素质、能力和水平，提高科学健身指导水平，关键还是要根据群众需求，做好科普工作，切实让广大群众提高认识，提高科学健身水平。不断创新形式，丰富全民健身宣传内容和手段。各级体育部门要充分调动各类媒体的积极性，加强引导，策划推出更多深受人民群众喜爱的体育健身类节目。围绕落实全民健身国家战略，开展全民健身宣传教育，传播健康生活理念，倡导健康生活方式，营造良好的舆论环境。

七、为什么要制订《青少年体育活动促进计划》？

党的十八大以来，国家从战略层面对青少年体育工作提出了明确要求。党的十八届三中全会正式发布的《中共中央关于全面深化改革若干重大问题的决定》提出“强化体育课和课外锻炼，促进青少年身心健康、体魄强健”。46号文件《关于加快发展体育产业促进体育消费的若干意见》将全民健身上升为国家战略，明确指出“切实保障中小学体育课课时，鼓励实施学生课外体育活动计划”。2015年1月14日，中共中央办公厅、国务院办公厅《关于加快构建现代公共文化服务体系的意见》明确提出“实施青少年体育活动促进计划”。上述这些文件为青少年体育发展指出了方向，明确了任务与要求。

尽管近年来青少年体育工作成效显著，但青少年运动不足的问题依然突出，体质健康状况尚未根本改变，青少年体育发展仍面临一些突出问题，比如，政府主导、部门协同、全社会共同参与青少年体育的工作局面尚未形成，学校、社区、家庭支持青少年参与体育活动的要求和举措尚有待加强等。

完善青少年体育管理体制与运行机制，构建更为健全的青少年体育公共服务体系，探索促进青少年体育活动开展的新方法，实现青少年体魄强健、身心健康，培养合格的社会主义建设者和接班人，为实现建设体育强国、中华民族伟大复兴的中国梦奠定坚实的基础，是当前和今后一个时期青少年体育工作的重要任务。

《青少年体育活动促进计划》将着力破解青少年体育公共服务体系中的重点、难点问题，旨在通过促进青少年体育管理体制与运行机制的完善、促进青少年体育活动的开展、促进青少年体育组织的发展、促进青少年体育场地设施的拓展，使得广大青少年体育意识普遍增强，参加体育活动的青少年数量持续增加，青少年体质健康状况明显提高，基本形成活动多样、设施充足、组织健全的青少年公共体育服务体系。

八、如何理解保障特殊群体基本体育权利？

青少年是全民健身的重点人群。对个体来说，青少年时期是身心健康和各项身体素质发展的关键时期，对国家来说，青少年群体是体育乃至经济社会发展的活力源泉。2014年出台的46号文件《关于加快发展体育产业促进体育消费的若干意见》把“促进青少年培育体育爱好，掌握一项以上体育运动技能，确保学生校内每天体育活动时间不少于一小时”等内容纳入文件。“十三五”期间，随着全民健身和健康中国建设上升为国家战略，青少年体育活动促进计划纳入《“十三五”规划纲要》，青少年体育被摆到重要位置，青少年体育发展面临重大发展机遇。

“十三五”期间我国进入了人口老龄化迅速发展时期。党中央、国务院始终高度重视和关心老龄工作，把老龄工作作为构建社会主义和谐社会、全面建成小康社会，实现中华民族伟大复兴的中国梦的重要组成部分，党的十八届五中全会提出要积极应对人口老龄化。提高老年人健康水平是提高老年人生活质量的基础和前提，推进健康关口前移，延长健康寿命，增强自主活动能力，对于老年人自立自强、积极向上具有重要意义。体育健身活动是积极应对人口老龄化的便捷、经济、有效方式，也是老年人保持健康、延缓衰老的理想途径。加强老年人体育工作对丰富老年人精神文化生活，提高老年人健康水平和生活质量具有不可替代的作用。

近年来，全国大中城市和发达地区的外来务工人员不断增多，为了改善外来务工人员的体育健身条件，政府部门积极完善体育保障和管理机制。加强外来务工人员集中居住区和工作区健身场地设施的建设，加大资金投入和管理力度，保障外来务工人员体育锻炼场所供给。营造体育环境，形成体育文化氛围，在体育生活化社区的引导下，改善外来务工人员的体育生活方式。创设民企体育圈，在圈内建立行业体育协会、社区体育协会、单项体育协会的横向协会结构，进行体育交流，开展民间体育、休闲体育等形式灵活、内容多样、有特色的体育活动，吸引外来务工者积极参与，提高外来务工人员的整体体育参与水平。培训社团体育骨干，带领指导外来务工人员科学健身，体验体育运动带来的快乐和享受。

社区矫正人员是指罪行较轻、主观恶性较小、社会危害性不大的罪犯或经过监管改造，确有悔改表现，不致再危害社会的人员。经常参加体育运动有利于个体形成正确的世界观和人生目标，以及健康、积极、进取、向上的人格，体育运动能提高心理耐挫水平，在遇到挫折、困难时能正确地面对和处理，形成高尚的人格和独特的个性，还可以提高一个人的自信心和自尊心，增强人的自豪感，树立自强的意识，并能在体育活动中，寻求到安慰和满足，进而改变人的整个精神面貌。体育运动具有广泛的社会性，是人际交往的桥梁和纽带。因此，加大对社区矫正人员的全民健身服务供给，可以使其享受到更多的社会关爱，有助于他们更快融入社会，预防再次犯罪。

残疾人体育事业是国家体育事业和残疾人事业的重要组成部分，党和政府高度重视残疾人体育工作发展。体育运动对于残疾人具有特殊意义，残疾人通过体育运动超越缺陷，开展意志、技能、体能的较量，向生命的潜能挑战，展示人的创造力和价值，体育运动能够很好地帮助残疾人进行功能康复，陶冶情操，增强生活信心和勇气，推动平等参与。《体育法》和《残疾人保障法》明确规定要保障残疾人体育健身权利。

《国务院办公厅关于进一步加强残疾人体育工作的意见》《关于促进残疾人事业发展的意见》《全民健身条例》《国家基本公共服务体系“十二五”规划》和《国务院关于加快推进残疾人小康进程意见》等系列指导性文件的出台，为残疾人参与体育运动、提高身体素质、改善生活质量提供了有力保障。

第五章

落实奥运争光计划
提高竞技体育综合实力

一、“十二五”期间我国竞技体育发展的基础是什么?

“十二五”期间，我国竞技体育发展取得辉煌成就，综合实力和国际竞争力进一步提高，圆满完成了竞技体育“十二五”规划确定的任务，实现了既定目标。5年间，我国运动员共获世界冠军596个，创超世界纪录57次。在2012年伦敦第30届夏季奥运会上，我国体育代表团获得38金27银23铜共88枚奖牌，位列奥运会金牌榜和奖牌榜第二位，取得境外参赛的最好成绩；在2014年索契第22届冬季奥运会上，获得3金4银2铜共9枚奖牌，进一步展示了我国冬季项目的发展水平；在南京第2届青奥会上，获得37金13银13铜共63枚奖牌，位列金牌榜和奖牌榜第一位，加强了与各国青少年的交流，展现了良好的精神风貌；在2014年仁川第17届亚运会上，获得152金108银83铜共343枚奖牌，保持了整体优势，同时为里约奥运会全面锻炼了队伍。项目结构有所优化，潜优势项目、田径和游泳基础大项、冬季项目取得突破和新的进展。深化竞技体育改革，进一步转变政府职能，取消、下放和清理了若干行政审批事项，稳步推进了全国性单项体育协会试点改革和赛事审批制度改革，出台了《中国足球协会调整改革方案》。全运会等综合性运动会和单项体育竞赛体制改革取得成效。进一步加强行业不正之风治理，正风肃纪效果明显。竞技体育法规建设得到加强，竞技体育后备人才培养机制进一步完善，运动员文化教育和保障工作有所提高，体制改革和制度创新取得新成绩。此外，“十二五”期间，我国还成功举办了各类国际、国内重大赛事。认真筹备、精心组织了2011年第7届全国城运会、2012年第12届全国冬运会、2012年海阳第三届亚沙会、2013年第12届全运会、2013年天津第6届东亚运动会、2013年南京第2届亚青会、2014年南京第2届青奥会、2015年第1届全国青年运动会和2015年世界田径锦标赛等综合性运动会和重要国际单项赛事，成功取得申办2019年男子篮球世界杯赛、2022年北京第24届冬奥会、2022年杭州第19届亚运会等重大国际赛事举办权。

但是，在竞技体育的发展过程中还存在一些突出的矛盾和问题。竞技体育与群众体育、体育产业等协调发展的机制还不健全，竞技体育在项目结构上发展不均衡的现象依然存在，优势项目提升空间有限，潜优势项目整体缺乏后发优势和潜力，基础大项和“三大球”以及冬季项目整体水平仍然较低。竞技体育区域间发展不平衡问题突出。在发展方式上，仍然依靠政策和保障等要素驱动，创新驱动不足。科学化管理和训练水平有待提高，效益不明显。职业体育和职业联赛发展滞后。体育行业正风肃纪任务繁重。部分项目发展基础薄弱，后备人才培养体系面临着新的困难和冲击，竞技体育举国体制需要不断创新完善等。这些都是当前阻碍竞技体育全面协调可持续发展亟待解决的问题。

二、如何理解转变竞技体育发展方式？

竞技体育的发展虽受制于经济社会发展条件，但其自身也有一定的内在发展规律。转变竞技体育发展方式是指由现在的依靠资源倾斜集中投入的粗放型发展方式向依靠体育科技引领、科技支撑、科技保障和理念创新、组织创新、制度创新的集约型发展方式转变，通过提高竞技体育整个流程中的各要素生产力来提高单位资源投入的产出率，积极贯彻科教兴体方针，全面规划项目结构均衡发展，优势资源合理配置，促进我国竞技体育全面、协调和可持续发展。

转变竞技体育发展方式的关键是实现竞技体育由政府一家独办向多家协同管理转变，由单一行政手段配置资源向行政、市场、社会协作、志愿服务等多种机制配置资源转变。而实现这种转变的组织制度就是推动运动项目管理中心和单项体育协会改革。如果单项体育协会的作用不能充分发挥，一方面政府向社会移交举办竞技体育的职能就没有载体，另一方面社会组织、市场组织和公民个人参与举办竞技体育也就没有平台和业务指导单位。要坚持和完善竞技体育举国体制，逐步形成国家办与社会办相结合的竞技体育管理体制和评估体系。加强对竞技体育发展理论、训练理念、技战术、组织管理等方面的研究和经验总结，使创新成为竞技体育发展的强大驱动力。加强对群众性和商业性赛事与活动的服务监管，完善国内综合性运动会和单项竞赛组织与管理办法，发挥竞赛的杠杆作用，调动社会资源参与办赛积极性，建设品牌赛事，实现社会效益与经济效益融合统一，促进体育产业发展，丰富人民群众精神文化生活。

三、如何理解优化项目结构?

我国竞技体育在项目结构上存在发展不均衡的现象，表现为优势项目提升空间有限，潜优势项目整体缺乏后发优势和潜力，基础项目和“三大球”以及冬季项目水平仍有待提高。优化项目结构就是保持并扩大优势项目，潜优势项目实现更大突破，基础大项和以足球为代表的“三大球”项目发展水平不断提高，落后项目争取有所突破，冬季项目继续提升，基本实现竞技体育结构持续优化、资源配置更加合理，效益显著提高，各项目均衡发展，形成区域优势和地方特色相结合的新格局。

优化项目结构的目的在于合理配置资源。加大对群众基础好、社会影响力大的“三大球”项目的政策支持力度，重视冬季奥运项目与非奥项目的发展。巩固优势项目，加大项目核心竞争力的培育，加强优势项目群的开发，扩大优势项目的数量；优势项目在保持优异成绩的基础上，认真总结经验，加强理论建设，在技战术创新、训练理论、训练观念、训练方法、组织管理、团队建设、人才培养模式等方面力争保持国际领先地位，并注重将优势项目发展的成功经验大力推广，为其他项目的发展提供借鉴。潜优势项目借鉴优势项目，系统总结本项目局部成功经验，以点带面，扩大优势小项的数量，实现向优势项目的转化；组织专家团队，加强对训练竞赛规律的研究，加强专项训练的理论建设，集中力量，整合资源，打造出能够深刻把握项目训练竞赛规律，具有科学、领先训练理念和方法的复合型训练管理团队。落后项目要缩短战线，突出重点，进一步完善训练竞赛管理体制，优化人财物等资源配置，加强复合型训练管理团队建设，学习借鉴优势项目成功经验和本项目国际先进经验，探索项目训练竞赛规律，力争实现优势小项上的突破。坚持统筹兼顾、全面发展，促进竞技体育与群众体育和体育产业的协调发展。

四、“十三五”期间如何采取有效措施促进“三大球”发展？

“三大球”的提法源于苏联，是指足球、篮球和排球三种集体球类运动。“三大球”的足球、篮球、排球的每个单项国际组织会员国数量均在200个以上，在国际上影响力巨大。在我国，“三大球”属于群众喜爱、社会关注、市场化程度较高的运动项目。1964年，贺龙元帅曾说："'三大球'上不去，我死不瞑目！"。2014年习近平总书记指出："'三大球'要搞上去，这是一个体育强国的标志"。发展"三大球"是我国发展体育产业，进行体育体制机制改革探索，提升国际影响力的需要。"三大球"的竞技水平、社会普及度、产业化程度已成为我国向体育强国迈进的重要指标。

"十三五"期间，"三大球"项目的改革与发展是建设体育强国的重要举措，本着"立足当前，着眼长远，政府引导，市场推动，重点突破，整体推进"的基本原则，坚持问题导向，抓住核心要素，遵循发展规律，切实制定项目总体发展目标，着力改善发展环境，理顺管理体制机制，形成协调发展的整体格局，落实各个阶段的参赛成绩指标，实现各级国家队运动成绩的稳步提高。主要有以下举措：

一是深化体制与机制改革发展，坚持管理机构与管理制度的改革创新，转变政府职能，健全协会管理体系，完善项目协会内部治理结构，破除体制障碍，激发市场活力，建立管理高效、适合现代运营的管理体系。

二是推进投入渠道拓展行动，引导各级政府在政策上给予支持，加大彩票公益金等对"三大球"项目的投入，同时鼓励社会力量发展"三大球"项目，引导有实力的企业和个人投资与赞助运动队和比赛，拓宽专项发展的资金渠道。

三是落实场地设施建设升级行动，创新改革思路，大胆引入市场力量，借助于市场的人才、资金促进场地开发建设，增加场地数量，提升场地质量，提高服务水平，改善运营能力，促进各种场地设施的良性发展。

四是推动国家队与后备队伍建设提质行动，进一步完善国家队制度建设，完善国家队教练员和运动员选拔制度，建立竞争机制和约束机制，完善复合型团队的运行办法。全面实施《青少年后备人才培养中长期发展规划》，逐步建立健全青少年后备人才培训体系，搭建符合人才成长规律的结构平台，形成稳定的竞赛制度体系。

五是推进职业俱乐部建设与运营增效行动，加强职业联赛的制度建设，完善俱乐部准入和监管制度，推动职业俱乐部的规范化管理，有序地推进联赛管办分离的改革，促进职业俱乐部的梯队培养，提高职业联赛的水平和影响力，使得职业俱乐部成为为国家队发现和输送人才的重要平台。

六是推进竞赛体系和职业联赛体制优化行动，加强对竞赛体系的总体设计与规划，优化职业联赛构架，完善竞赛奖励制度，加强行业管理，维护竞赛秩序，充分发挥竞赛的杠杆作用，逐步形成赛制稳定、等级分明、衔接有序的专项竞赛格局。

七是推进校园发展提速行动，与教育部门密切合作，充分发挥“三大球”项目的育人功能，积极探索普及与提高相结合的措施，提高学校专项教师和教练员的水平，进一步完善全国青少年竞赛体系，抓紧落实和完善“小学、初中、高中、大学”四级联赛，推动“三大球”项目在校园的快速开展。

八是落实社会发展推进行动，大力宣传“三大球”运动的社会价值和多元功能，引导地方政府和社会力量加大对群众性“三大球”活动的关注和投入，规范各级群众性组织活动，建立业余教练员培训与资格认证体系，提高相关群众性活动的专业化水平。

九是推进文化建设融入行动，加强专项文化的理论研究，挖掘“三大球”项目的文化内涵与核心理念，拓宽宣传渠道，提升宣传效益，促进品牌赛事与高水平俱乐部的文化积淀，树立良好的社会形象，充分体现“三大球”项目的社会价值。

十是着力理顺有关各方的协作关系，改善“三大球”项目发展的基础条件，努力建立专业高效、系统完备、民主开放、运转灵活、法制健全、保障有力的体制机制，从整体上构建“三大球”项目的发展体系，推动我国“三大球”项目的改革发展事业不断迈上新台阶。

五、“十三五”期间如何做好重大赛事的备战参赛工作?

“十三五”期间，我国面临奥运会、亚运会等大型国际综合性赛事的备战参赛任务，必须以创新发展的精神把握备战规律，更新观念，创新方法，发挥复合型训练管理团队作用，提高备战决战阶段的训练质量和效益。

（一）深入总结项目备战经验教训，深化对重大赛事周期项目制胜规律的认识

总结训练比赛的经验与教训，揭示影响训练比赛的主要矛盾和本质原因，是掌握项目规律、推动训练创新的认识基础。高度重视各项目中本周期训练参赛实践的总结，不仅总结项目成功和成熟的经验，还要总结比赛失利和失败的教训，使失利失败的教训转化为成功的经验和财富。对偶然发生的问题，从思想和管理上找原因，对多次发生的问题就从规律和认识上找原因，探究项目各个备战要素之间内在与本质的联系，找准成功的所在和失利的真正原因。

（二）突出备战工作的重点，增强备战工作的针对性

系统分析研究各项目重大赛事备战参赛形势，全面研究我国重点运

动员及主要对手的情况，对重点运动员的竞技水平与发展趋势做出评估和预判，强化竞争机制，实行动态管理。在深入总结以往参加重大比赛成功经验和失利教训的基础上，对制约夺取金牌的各备战要素进行科学分析和系统研究，对存在的主要问题，增添针对性解决方法和措施，形成与强化我们的技战术风格与特点，统筹安排好系统训练、国内外比赛、运动员选拔、赛前强化训练和适应性训练、程序化参赛等各项工作。

（三）加快复合型训练管理团队建设，开展国家队教练员年度业务述职考评工作，不断提高备战工作的训练管理水平

高度重视、进一步完善复合型训练管理团队的建设，充分发挥他们在训练、体能、科研、心理、医疗、康复、情报等专业和技术方面的优势，帮助解决备战训练中的关键问题。集体球类项目根据自己的实际情况，学习借鉴女排的经验和做法，加快本项目复合型训练管理团队的组建，为提高科学训练水平和运动成绩增添保障，全力争取重大赛事参赛资格。组织开展国家队教练员年度业务述职考评，通过述职考评总结训练参赛的经验与问题，研究训练参赛的特点和规律，加强相互之间交流与学习，为做好训练和备战工作提高认识水平。

（四）坚持科学训练，提高训练的针对性和有效性，强化体能和身体运动功能训练，有效预防和降低运动伤病发生

结合实战需要，坚持科学训练，不断优化训练的负荷结构和负荷节奏，狠抠训练细节，突出训练的实效；在平时训练中，尽可能模拟比赛的实战条件和氛围，有意地制造在比赛时可能遇到的更大困难，增强运动员在比赛时主动抗压抗干扰和自我调控的心理素质和实战能力。加强

对主要对手信息的收集和分析，对他们的备战动态、成绩水平、技战术风格与特点了然于胸，对他们的短板和薄弱环节更要了如指掌。对在比赛中可能出现的各种情况有充分的预判和应对预案，训练课和每一次模拟实战都有明确的对手和要求。集体球类项目统筹兼顾，协调处理好职业联赛与国家队备战和参加国际大赛的关系，让联赛成为国家队备战参赛的有机组成部分，相互促进发展。转换训练观念，创新思维，扭转轻视体能训练的认识，将体能训练放在更加重要的位置，与技战术训练结合好、安排好，破除长期存在的“不上运动强度提不高成绩，上了运动强度就伤病”的难题，通过加强体能训练有效地提高技战术水平和比赛能力，主动预防运动伤病发生。

六、如何进一步完善我国竞技体育后备人才体系?

“十三五”期间，必须进一步加强和改进竞技体育后备人才培养工作，通过转变发展思路、调整发展结构、改进培养方式、强化科学理念和提高培养质量和效益，构建适合现代运动训练规律，符合青少年身心成长特点的青少年训练体系。

（一）完善青少年训练竞赛体系

加快制定实施促进竞技体育后备人才培养工作的指导意见，积极调动社会力量，拓宽竞技体育后备人才培养渠道，完善青少年训练体系，以体育传统项目学校、青少年体育俱乐部、课外体育班、体校走训班等为主体，推动运动项目在学校的普及。以少儿体校、体育中学和单项运动学校为骨干，按照《中国青少年运动项目训练教学大纲》要求，优化运动项目结构，系统开展训练，选拔培育优秀苗子，打好训练基础。以中等体育运动学校、竞技体校为重点，落实奥运战略，对重点体校、重点项目（“三大球”、基础大项、冬季项目等）进行重点投入，力争突破，促使一批重点基地学校走向世界。改善各级体校办学条件，深化国家高水平体育后备人才基地建设工作。积极恢复县、区青少年训练，鼓励支持社会力量参与青少年训练，拓宽人才培养和选拔平台。推进青少年运动技能培训和赛事组织市场化，鼓励引导职业俱乐部建立后备人才培养制度。加快推进国家及地方综合性运动会和单项体育赛事管理制度改革，强化体育竞赛对青少年的教育意义和对运动训练的指导作用。积极开展以训练营、夏（冬）令营等为依托的全国青少年赛事活动，把青少年身体素质和文化水平作为常规性测试内容。改革青少年竞赛制度，健全县、市、省、国家四级竞赛体系，完善主体多元、形式多样组织灵活的竞赛制度。

（二）落实《奥运项目竞技体育后备人才培养中长期规划（2014—2024年）》

加强奥运项目后备人才培养工作，重点围绕2020年、2022年和2024年奥运会任务，以选拔组建国家青年队、完善管理体制机制、开展单项基地创建和组织训练营活动等为主要内容，优化奥运项目青少年训练布局，加强奥运项目竞技体育后备人才梯队建设。鼓励支持地方各级体育行政部门按照奥运项目规划部署国家奥运项目青少年训练布局，明确重点项目，积极发展具有地方特色及优势的奥运项目，增加对奥运项目竞技体育后备人才培养工作的经费投入。体育总局建立奥运项目规划实施工作指导、检查督导和绩效评估制度。

（三）积极推进科训结合和科学选材

完善科训结合和科学选材工作的政策措施和评价标准，创新科训结合推进机制，引导科技资源向青少年训练配置，支持科研单位和训练单位协同攻关，引导社会力量参与青少年训练及选材科学研究。加快科技成果向训练实践转化。加强教练员队伍科学素养培养工作，完善教练员水平评价标准，引导教练员不断加强学习，提高科学水平。完成《中国青少年运动项目训练教学大纲》配套教材编写工作，促进青少年训练规范化。提高项目训练针对性和训练成效，建立大纲执行情况评估检查制度和专家督导制度，加强对青少年训练工作的检查指导。积极推进科学选材工作，完善选材方法，制定各年龄层次运动员选材标准，完善青少年运动员选材指标体系，建立健全各项目后备人才库，提高选材成功率。

七、如何进一步完善运动员保障体系？

“十二五”期间，运动员保障工作从提高运动员收入水平和社会保险待遇，向运动员人力资源的深层次开发、运动员职业规划和管理进行了拓展，在运动员职业转换扶持体系方面，更加注重市场在资源配置中起决定性作用和更好发挥政府作用这两个方面，在运动员就业信息服务、就业指导、搭建实习就业平台和开展创业扶持等多方面进行了新的探索。加强运动员保障是关系竞技体育长远发展的基础性工作，“十三五”期间必须采取有效措施，妥善解除运动员后顾之忧，以夯实后备人才根基，提升科学训练能力，促进运动水平提高，确保我国竞技体育人才辈出，基业长青。

（一）把握运动员保障工作规律

运动员保障工作与运动员入队、在训期间发展期、成长期、黄金期、停滞期、职业转型期乃至退役等运动生涯的各个环节密切相关。切实做好运动员保障工作，必须将运动员运动生涯的各个环节有机地结合起来，更加注重不同阶段的特点和需求，进一步完善和落实各项保障政策，并创造性地开发适合不同运动员群体的个性化保障措施。

（二）利用和整合各方资源

据统计，全国体育系统每年约有2500名停训待退役运动员，只有350名左右在全国体育系统就业，85%的运动员要进入市场就业，这些运动员的平均年龄约为28岁，运龄平均为12年。这些运动员要依靠在体育系统12年打下的基础，再次进入社会打拼30多年。面向在役期间运动员运动生涯水平的提高下工夫，同时也是在为运动员退役后实现新的职业发展打下坚实基础。这是体育系统优化资源配置，共同培养运动人才的客观需要，是发展体育事业实现举国体制创新的必然要求。

（三）创新方式手段

要更加人性化，调整以往说教式、灌输式的方式，将各类管理措施化为润物细无声的保障手段，真正进入运动员的内心，和他们互动起来。要更加智能化，善于使用“互联网+运动员保障”的思维，利用好现代信息技术成果，为运动员提供实时、高效的职业发展服务。在役期间运动员职业发展目标以竞技体育争金夺银为主，文化学习和职业辅导等各类服务难免会碎片化，要把化零为整与化整为零相结合，将各方面的优势资源整合在一起，利用好专题网站、微信、微博等新媒体或自媒体平台，宣传政策、提供服务、加强沟通。

八、“十三五”期间，如何推进国家队运动员文化教育工作?

“十三五”期间，国家体育总局将在国家队运动员文化教育方面创新举措，加强宏观管理和制度建设：

一是全面推动国家队文化教育示范队建设。探索建立国家队文化教育新模式，对于文化教育工作积极性强、工作效果突出的队伍，给予政策支持和经费倾斜，通过示范队建设推进国家队运动员文化教育工作，并注重加强宣传和推广。

二是建立激励机制，促进运动员加强文化学习。在总结优秀运动队运动员入队文化测试的基础上，建立入队选拔测试制度、运动员文化教育注册制度，运动员入省队、国家队要进行学习注册、建立学习档案，掌握运动员学习进度。严把运动员入队选拔和进入高校学习（免试）两个关口，督促运动员加强学习。

三是继续完善运动员网络远程教育。在已建立中国运动员文化教育网基础上，整合高等院校相关资源，建立运动员网络远程教育体系。通过建设、购买等方式，不断完善国家队运动员网络学习渠道，满足国家队运动员的学习需求。

九、如何进一步提升反兴奋剂工作水平?

“十二五”期间，反兴奋剂工作加强法律体系建设与组织管理体系建设，初步形成了高效务实的反兴奋剂管理体系，圆满完成伦敦奥运会、索契冬奥会等各项综合性运动会反兴奋剂工作目标，积极推行以运动员反兴奋剂教育资格准入制度为核心的反兴奋剂宣传教育，取得较好的成效。但是，不同领域反兴奋剂工作发展不平衡，反兴奋剂工作在青少年体育、非奥运项目上覆盖面低，职业体育和社会体育反兴奋剂工作不规范、不系统的问题依然突出，反兴奋剂工作仍须进一步加强。

（一）完善反兴奋剂法律体系，坚持依法反兴奋剂

做好体育总局《反兴奋剂管理办法》宣传、学习和普及工作，在工作中严格按照有关规定开展工作。继续推进《反兴奋剂条例》的修订工作，完善相关规定。研究、探索建立兴奋剂争议解决机制，保障运动员的合法权益。研究出台《兴奋剂争议解决规则》。

（二）加强反兴奋剂组织建设，构建自上而下全覆盖的反兴奋剂管理体系

努力实现在省级体育部门设立专门反兴奋剂机构，在各运动项目管理中心设立专职人员负责反兴奋剂工作。鼓励各省级体育部门支持

下属运动员管理单位和有条件的地市体育部门设立专职人员，相关体育组织设立专职或兼职人员，形成自上而下、上下联动、齐抓共管，全面覆盖竞技体育、群众体育、学生体育、职业体育各领域的反兴奋剂管理体系。

（三）以奥运会、全运会为核心，继续做好综合性运动会的反兴奋剂工作

进一步完善竞技体育反兴奋剂工作，一如既往地加强国家队和中国体育代表团运动员的反兴奋剂工作，推进纯洁体育，维护运动员身体健康和公平竞争的体育精神，确保中国代表团参加奥运会和亚运会等重大国际综合性运动会不出现兴奋剂问题，夺取运动成绩和精神文明双丰收。做好全运会、青运会等全国综合性运动会的反兴奋剂工作，努力实现举办干干净净的运动会的目标。制定省运会反兴奋剂工作指导意见，进一步提升省运会反兴奋剂工作的规范性、一致性和有效性。

（四）全面履行体育运动中反兴奋剂职责，重点抓好青少年体育、职业体育的反兴奋剂工作

从国家层面加强青少年群体的兴奋剂教育和检查的力度。联合教育部，针对全国275所高水平运动队试点高校在招生考试中开展反兴奋剂工作。在体育院校运动训练和传统体育招生考试中开展反兴奋剂工作。在体育运动学校、体育院校开设反兴奋剂课程。加大青少年运动员反兴奋剂工作，维护青少年运动员健康，选拔、培养真实水平的优秀后备人才，促进体育工作可持续发展。加强职业体育的反兴奋剂工作。研究、

制定出适应职业体育的反兴奋剂政策和措施，结合我国职业联赛特点和我国反兴奋剂工作要求，逐步建立、规范职业体育反兴奋剂工作体系。

（五）继续开展反兴奋剂基础性工作，鼓励创新性的反兴奋剂新技术、新方法研究

在全面调研的基础上，制定中长期反兴奋剂规划；开展对国内外反兴奋剂信息搜集，加强兴奋剂检查与违规调查研究，逐步建立反兴奋剂工作情报和调查体系；开展反兴奋剂宣传教育、兴奋剂典型案例和违规处罚等研究；制定体育参与者预防兴奋剂策略。鼓励支持兴奋剂管制新技术、新方法研究。鼓励研究人员积极申报WADA/IOC新研究基金项目。研究、探索建立第二兴奋剂检测实验室。

（六）探索建立长效工作体制，规范、提升综合治理兴奋剂的能力和效率

探索建立责任明晰、各司其职的兴奋剂综合治理工作机制，使兴奋剂综合治理工作常态化、规范化；与WADA合作组成联合工作机制，共同打击兴奋剂原材料的非法生产、销售和进出口，履行负责任的大国的国际义务。进一步规范《兴奋剂目录》的编制和发布项目工作。继续做好国内举办的全运会等综合性运动会的兴奋剂综合治理工作。在运动员肉食品安全保障方面做出积极探索，逐步建立覆盖全国的运动员食品定点采购体系，确保运动员的食品安全。

（七）积极、主动开展反兴奋剂外交，持续增强国际影响力

在继续做好原有反兴奋剂外交工作的同时，加强对外交流合作的主动性、目的性，充分体现大国负责任的态度，加强对欠发达国家反兴奋剂的援助和帮助，组织召开国际反兴奋剂专题会议，不断宣传我国反兴奋剂成就，增进国际社会对我国反兴奋剂工作的理解与肯定，加大国际影响，提升国际形象。

（八）全面提升反兴奋剂工作质量

落实体育总局宣传教育相关政策和措施，不断提升宣传教育的针对性和有效性。加强兴奋剂检查、检测相关技术和手段的研究和应用，适当增加检查数量的同时，高度重视提升检查质量。加强马匹兴奋剂检查检测的研究和开展。不断提升检查检测的水平和质量。进一步规范结果管理，依法依规处理兴奋剂违规行为等相关工作。

第六章

以筹办冬奥会为契机
推动冬季运动发展

一、我国冰雪运动发展现状如何？

发展冰雪运动有利于满足群众多样化的体育文化需求，提高全民健康水平，提升全民生活质量和幸福感，对于落实全民健身国家战略，建设健康中国和体育强国，促进经济社会发展，实现中华民族伟大复兴的中国梦具有重要意义。近年来，我国冰雪运动快速发展，特别是申办2022年北京冬奥会的成功，为冰雪运动繁荣发展带来了重大机遇。

习近平总书记在接见索契冬奥会中国体育代表团时指出："中国冰雪运动还不够普及，不进山海关，关外1亿人。如果在关内推广冰雪项目，会带动两三亿中国人从事冰雪运动。"习总书记的讲话指明了冬季项目的现状和发展方向，因此，要实现习总书记"带动三亿人参与冰雪运动"这一目标，是一个不断发展、提高增量的过程。过去几十年，随着"北冰南展西扩"战略的实施，我国的群众性冰雪运动已经从东北地区逐步向华北、西北和东南沿海地区延伸。全国新建滑雪滑冰场地和经常参加滑雪滑冰的人口明显增加，但是，这与三亿人参与冰雪运动的目标还有很大的距离，还必须通过政府推动、政策拉动、规划策动、宣传鼓动等重要的手段，逐步规范和系统推进。

竞技体育方面，我国参加冬奥会起始于1980年，至今参加了10届冬奥会。从取得的成绩来看，共获得53枚奖牌, 其中金牌12枚、银牌22枚、铜牌19枚。最好的成绩是在2010年温哥华冬奥会上取得的，取得金牌榜第七名、奖牌榜第八名的好成绩。最近一次2014年索契冬奥会，共获得3金4银2铜，排名金牌榜第12位，奖牌榜第11位，基本反映了中国冬季运动的竞技实力和水平。在参赛的80多个国家和地区中，我们的竞技实力处于中等水平，与世界冰雪运动强国相比还有很大的差距。

从开展的项目来看，2018年平昌冬奥会共设7大项、15分项、102小项。其中，我国有三分之一项目已开展并有较深入研究，三分之一项目处于摸索阶段，三分之一项目从未开展，所以，我们要想在2022年冬奥会上全面提升竞技实力，面临着艰巨的任务和激烈的竞争。

中国的冬季体育产业起步较晚，基础薄弱，发展缓慢。除了冰雪体育旅游业和竞赛表演业有一定的市场外，冰雪装备制造业基本空白，冬季体育产业水平落后于整体体育产业的发展水平。

当前，我国冬季运动发展的制约因素主要有：由于自然环境、历史文化和经济条件的影响，我国冬季项目开展规模小、基础弱，发展不均衡，整体竞争实力不强；各个项目国家队训练规模小，优势项目数量少；后备人才萎缩，梯队建设不健全；高水平训练基地不足，国际标准化场地和器材设备缺乏；冬季项目高水平的教练员和管理人才少；管理体制和机制不健全，项目社会化、市场化程度不高；国家政策扶持力度不够，管理方式粗放，创新活力不足。

二、筹办冬奥会对我国体育发展有何重要意义？

成功申办2022年冬奥会，是党中央、国务院英明决策坚强领导的结果，是我国改革开放、社会发展、经济建设成果的集中体现，是我国全面实现小康社会，实现“两个一百年”奋斗目标的必然要求，影响深远，意义重大。

筹办冬奥会是全面建成小康社会的必然要求。党的十八大以来，以习近平同志为总书记的党中央，统筹国际国内两个大局，从坚持和发展中国特色社会主义全局出发，提出“四个全面”的战略布局，以中国梦凝聚力量，以抓改革激发活力，以改作风提振人心，励精图治、攻坚克难，带领全党全国各族人民取得新成就、形成新风气、开创新局面，经济发展进入新常态。“十三五”期间是我国全面建设小康社会的决胜阶段。是实现“两个一百年”奋斗目标和实现中华民族伟大复兴中国梦的重要历史时期。我国的政治、经济、社会、文化和生态等各个领域将快速发展，到2021年迎接建党100周年之际，将全面建成小康社会。2022年，我们还将喜迎中国共产党第二十次全国代表大会的胜利召开。国运兴，则体育兴，一个国家的体育综合实力是综合国力的重要体现，当代社会的奥运会已经成为各国展现国家综合竞争力的舞台，举办一次精彩、非凡、卓越的奥运会既是全面建成小康社会的重要体现，也是中国为国际奥林匹克大家庭做的重要贡献。

筹办冬奥会是我国体育发展的客观需要。当前，冬季运动项目在我国发展还处于较低阶段，是制约体育全面协调可持续发展的一个短板，筹办冬奥会，是促进群众冬季运动和竞技体育项目发展的重大契机。因此，在未来的一段时期，大力普及冰雪运动，促进冰雪消费，发展冰雪产业，筹办好冬奥会，全面提升冬季项目竞技水平，在北京冬奥会上取得运动成绩和精神文明双丰收，使命艰巨、责任重大。冬奥会不仅是北京、张家口的冬奥会，更是全国人民的冬奥会，将推动全国民众对冰雪运动有新的、更深的认识，带动三亿中国人，特别是青少年参与冰雪运动，提升我国冬季运动发展水平，对中国冰雪运动发展有着里程碑式的意义。同时还将推动京津冀协同发展，促进区域经济一体化，并带动健身、休闲、文化、旅游等服务业发展。举办2022年冬奥会是中华文明同世界文明交流互鉴的过程，将进一步增强中国的软实力和影响力。筹办2022年冬奥会，开启了我国体育事业的新篇章，为我国冬季项目发展提供了千载难逢的历史机遇。筹办冬奥会是全面带动冬季项目群众体育发展的过程，也是实现冰雪产业全面、协调、可持续发展的过程。

三、如何理解大力普及冬季运动项目？

党的十八届五中全会通过的《中共中央关于制定国民经济和社会发展第十三个五年规划的建议》中明确指出：“发展体育事业，推广全民健身，增强人民体质。做好2022年北京冬奥会筹办工作”。这是“十三五”期间开展体育工作和筹办北京冬奥会的基本遵循与指导原则。群众体育事业是体育事业的基础，是我国体育事业发展规模和发展水平的基本标志，是社会主义文化和精神文明建设的重要组成部分，也是全面建设小康社会的重要内容。繁荣发展群众体育事业，对于满足现阶段人民日益增长的体育需求、增强人民体质、提高全民健康水平、促进人的全面发展，对于提高人民生活质量、建设健康中国、促进社会主义和谐社会建设和社会全面进步、增强国家文化软实力具有不可替代的作用。

冬季项目是我国群众体育事业的重要组成部分。习近平总书记说：“奥林匹克精神最重要的就是把体育运动普及开来，推动群众性体育运动，增强人民体质。随着中国国内生产总值和人民生活水平不断提高，中国越来越具备普及冰雪运动的条件，更多群众可以体验冰雪运动带来的快乐。”多年来，党中央、国务院和各级政府高度重视冬季体育项目的发展，总体上看，我国冬季项目发展已具备一定的规模和发展条件，开展冬季体育运动的场地不断增加，设施设备不断完善，冬季群众性体育活动规模和数量不断增加，冬季体育项目已经成为更多群众喜闻乐见的运动项目。发展冬季体育项目使命艰巨、责任重大，必须攻坚克难，加倍努力。

第一，贯彻落实《群众冬季运动推广普及计划（2016—2020年）》，有关地方政府加强对冬季项目的领导、支持和引导，合理规划，加大投入与支持，完善相关政策，加快本地区、本部门冬季运动的普及与开展。

第二，建立冬季项目群众体育工作领导机制，加快冬季项目全国性单项协会改革，严格按照转变政府职能的要求，取消下放体育赛事的审批事项，放开市场，加强监管，充分调动社会资源与力量，开展经常性、形式多样的群众性、商业性的各类赛事和群众性活动。制定相应配套政策，加强冬季项目社会指导员队伍的培训与建设，逐步完成冬季项目社会体育组织的网络化和制度化建设。到2022年，大、中、小学开展冬季体育活动的规模与人群不断扩大，冬季体育课和体育活动常态化开展，了解和参与冬季体育的在校学生达到9000万人以上。

第三，加快各级冬季运动项目协会建设，充分调动社会力量，加强对大众冰雪活动的引导、宣传、指导工作，积极开展各级各类商业性、群众性冰雪活动，要推出一系列精品活动，组织好百万青少年喜欢上冰雪活动，继续办好全国大众冰雪季、瓦萨国际滑雪节、冬季阳光体育大会、世界雪日等活动，形成品牌体育赛事，使群众性冰雪活动更加丰富和经常化，喜爱和参与冬季体育的人群逐渐扩大。

第四，认真贯彻落实国务院《关于加快发展体育产业和促进体育消费的若干意见》的要求，研究制定包括冰雪体育产业发展在内的实施方案与计划，引导社会力量积极参与建设一批冰雪运动场地，对冬季体育装备制造业、冰雪竞赛表演业、冰雪旅游业等加强政策指导，推动冰雪运动蓬勃发展，加快形成新的体育消费热点。

第五，加大对冬季项目的宣传和普及，广泛开展奥林匹克教育活动，激发民众参与冬季运动的热情，培育民众绿色健康的生活方式。激发广大青少年和青年学生从事冰雪运动的激情活力，培养他们团结、友善、爱好和平、勇敢刚毅、迎难而上、超越自我、追求卓越的精神。

四、如何理解提高冬季运动竞技体育水平？

我国从1980年首次参加普莱西德湖冬奥会以来，共参加了10届冬奥会，在2002年盐湖城冬奥会比赛中实现了金牌“零”的突破，在冬奥会上共获得金牌12枚、银牌22枚、铜牌19枚。从近4届冬奥会成绩来看，我国最好排名是在2010年温哥华冬奥会上位列金牌榜第7位，综合实力在历届冬奥会上处于7~14位之间，与世界冰雪运动强国相比还存在较大的差距，主要表现在开展的项目数量不多、开展项目的总体规模较小、优势项目数量较少、后备人才梯队体系不健全、高水平教练员缺乏、训练基地不足、项目发展社会化和市场化程度不高等方面。

到2022年北京冬奥会，仅有5年的训练备战时间，时间紧迫，任务繁重。在2022年实现运动成绩和精神文明双丰收是成功举办北京冬奥会的重要标志，是对弘扬奥林匹克文化和中华体育精神做出新贡献的必然要求。因此，必须注意以下几点。

第一，抓住筹办2022年北京冬奥会这一重大战略机遇，把握冬季体育项目国际发展趋势，创新冬季体育项目备战工作的管理体制和机制，在充分发挥政府主导作用的同时，激活社会和市场活力，增强发展动力。继承和发展北京、伦敦夏季奥运会周期备战参赛成功经验，完善冬季项目备战组织管理体制，建立备战工作的组织领导机构，全面启动备战工作，将备战2018年平昌冬奥会和2022年北京冬奥会作为一个整体统筹规划、分步实施、全面推进。

第二，抓紧组织制定《2022年冬奥会人才工作规划》和《2018—2022年冬季奥运会备战参赛工作计划》，进一步做好人才建设、规模调整、经费预算、科技保障、场地设施建设与改造等配套方案计划，并尽快组织实施。发挥举国体制优势，解放思想，创新发展机制，坚持政府主导、主体多元、规范管理的备战管理模式，鼓励社会组织、院校、企业、俱乐部、个人等多元主体参与冬季体育项目发展和国家队备战参赛。

第三，充分利用筹办2022年北京冬奥会重大契机，合理安排冬季项目训练比赛场馆布局，以黑龙江、吉林等传统开展冬季项目的省市为主要基础，以新疆、内蒙古自治区等冬季项目发展新兴地区为重点；以北京、河北等举办冬奥会地区为重中之重，统筹规划，合理布局，发挥地方政府和社会力量，新建、扩建和改造相关训练比赛的场馆设施，尽快提升与完善冬季项目备战参赛的基础设施和条件。

第四，持续推进“北冰南展西扩”战略，突出重点，统筹兼顾，扩大规模。各地政府要根据本地区经济、社会、文化建设发展需要，从全面建成小康社会实际出发，积极创造条件，开展符合本地区特点和需要的冰雪运动项目，重视青少年冬季运动项目后备人才的培养。

第五，按照尽力争取全面参赛2022年北京冬奥会的要求，根据实际需要适当扩大各级各类冬季项目的训练人数与规模。引导、调动企业、高等院校、俱乐部、个人的资源和积极性，采取多种形式开展冬季体育项目，探索主体多元化的项目发展和备战训练模式。要坚持“走出去、请进来”战略，走开放式和国际化训练备战模式，积极学习、借鉴世界冰雪运动强国的先进经验，采取与冬季体育强国的政府、单项协会、企业、俱乐部合作交流的方式发展冬季项目，充分利用国外场地设备和人才优势，优化项目发展路径，提高发展效益。

第六，发挥科技保障作用，不断提高北京冬奥会备战参赛的科学训练水平和科技保障能力，组织多学科、多领域专家对北京冬奥会备战进行攻关研究和科技服务，围绕备战训练出现的难点和重点进行系统的攻关，提高北京冬奥会备战工作科研保障的质量和效益。

五、如何实施冬季项目后备人才培养工程？

自1992年实现冬奥会奖牌“零”的突破和2002年实现冬奥会金牌“零”的突破后，我国冬季项目竞技水平有了显著的提升，进入了一个新的历史发展阶段。但我国不是冰雪运动的传统国家，总体来看，项目不全，发展不均衡，在冬奥会上具有竞争奖牌实力的项目少。2013年我国冬季项目全国比赛注册运动员总人数为4030人，后备人才更是严重匮乏。

全力备战2022年冬奥会，实施冬季项目后备人才培养工程十分必要，将建立以《冬季项目竞技体育后备人才中长期规划》为引领，完善以各级各类体校、体育学院和专业队为主，以大中小学校和社会培训机构为辅的人才培养体系。加强高水平后备人才基地的建设，改善后备人才培养的训练设施和师资条件。打通冰雪运动项目和夏季运动项目后备人才的培养渠道，鼓励人才共享。坚持举国体制与社会化相结合，坚持体教结合培养人才，坚持扩大布局，协同发展，坚持提高与普及相结合。对于不同发展水平的项目，坚持分类实施与分项推进相结合，采取不同的后备人才培养方针。

第一，综合发展基础相对较好的项目，主要包括短道速滑、花样滑冰和速度滑冰。这3个项目是我国在冬奥会赛场上争金夺奖的主力军，尤其是近10年来，取得明显突破，形成了一定优势，在国际赛场上处于领先地位。这3个项目的良好发展主要得益于举国体制的优势，必要的人、财、物和场地等良好保障，初步形成的后备人才培养体系和一定数量的后备人才储备。面对未来，这3个项目后备人才培养工作的方针是：坚持举国体制，巩固、加强三级训练网体系，努力增加后备人才培养基地的数量，积极探索体教结合的培养模式，增强运动员文化素质教育。

第二，竞技水平与保障条件相对失衡的项目，包括冰壶、自由式滑雪空中技巧和单板滑雪U型场地技巧，这3个项目经过不断发展，经历了从无到有、从弱到强的转变，整体水平较高，在国际赛场上具有一定竞争力。此类项目的特点是短期内成长速度快，可利用相近项目的运动员转型继续培养。目前面临的最大困难是缺乏专业的训练场地，导致后备人才训练不够系统、训练时间难以保证，进而严重影响项目的可持续发展。这3个项目后备人才培养工作的方针是：坚持举国体制，形成区域化集中保障，借助于相近项目转型培养，缩短培养周期，走“高、精、尖”的后备人才培养路线。

第三，综合发展相对落后的项目，主要有：越野滑雪、跳台滑雪、冬季两项、自由式滑雪雪上技巧和单板滑雪平行大回转。此类项目后备人才培养工作的方针是：维持现有状况，逐步加大投入力度，恢复三级训练网体系，改变项目继续萎缩的局面。

第四，市场前景相对较好的项目，包括冰球和高山滑雪，这两个项目比赛观赏性强，参与人群多，是冰雪强国最为重视的项目。从竞技水平看，我国在这两个项目上还缺乏国际竞争力，与世界强队的差距较大，难以在短期内实现重大突破。但是近年来，随着我国经济发展水平的提高，这两个项目在民间发展迅速，群众参与度显著提高，形成了一定规模的群众基础。由于尚处于起步阶段，在社会化发展过程中也出现了诸多问题。因此，提升社会化程度并加强引导和构建激励机制，是这两个项目未来发展的工作重点。这两个项目后备人才培养工作的方针是：坚持举国体制，巩固三级训练网体系，推动体教结合模式，加快职业化、社会化进程。

第五，我国尚未开展的冬季项目，包括雪车、雪橇以及北欧两项等。此类项目应做好战略布局和规划，成立国家级单项协会，加强国际交流，修建场地，组织教练员、裁判员培训，建立队伍，逐步举办各个项目的竞赛。

六、体育系统如何落实筹办2022年北京冬奥会工作任务?

为贯彻习近平总书记关于“把2022年冬奥会办成一届精彩、非凡、卓越的冬奥会”和“带动3亿人参与冰雪运动”的重要指示，体育系统积极采取措施推进2022年北京冬奥会筹办工作。

第一，推广普及群众冰雪运动。加强政府主导，予以专项扶持和管理督导。充分发挥单项体育协会的作用，努力发挥其他社会团体的辅助作用。争取到2022年学校冬季体育项目的制度化建设较为成熟，了解和参与冬季体育的在校学生达到9000万人以上。社会体育的发展模式和网络体系较为成熟，打造品牌亮点活动，鼓励更多的人了解和参与冰雪运动。

继续以中国滑冰协会、中国滑雪协会、中国冰球协会和中国冰壶协会组织的大众冰雪季为龙头，以全国大众冰雪赛事为主线，以东北、华北、西北为依托，以百万青少年上冰雪为基础，推出一系列活动。继续办好全国大众冰雪季活动，推动活动常态化，办好瓦萨国际滑雪节、冬季阳光体育大会、世界雪日等活动，发挥宣传辐射效应，从而实现带动3亿人参与冰雪运动的宏伟目标。

第二，研究制订2018—2022年冬奥会的备战参赛计划，把备战平昌冬奥会和北京冬奥会作为一个整体推进工作。明确备战工作的指导思想、工作要求、任务目标和具体措施，充分发挥举国体制优势和社会力量办冰雪的两个优势。特别突出创新思维，做好顶层设计，充分调动社会、企业、高等院校和部队的力量，探索灵活多样、主体多元的国家队备战管理模式。坚持“走出去，请进来”，积极利用国际上的人才、技术、理念、场地设施等先进条件开展国际合作，打造品牌赛事和精品赛事。建立备战工作的组织领导机构，制定人事、经费、科技服务、外事需求、场地设施改造建设计划等，完善制度，明确分工，加强保障，全面启动备战工作。重视青少年后备人才的培养，着眼2022年进行项目布局和人才布局，制定中长期发展规划，以实际举措夯实基础，增强竞争力，实现可持续发展。

第三，贯彻落实国务院《关于加快发展体育产业　促进体育消费的若干意见》《冰雪运动发展规划（2016—2025年）》的《全国冰雪场地设施规划（2016—2022年）》的精神，引导社会力量积极参与建设一批冰雪运动场地，在冬季体育装备制造业、冰雪竞赛表演业、冰雪旅游业等领域加强政策扶持，推动冰雪运动蓬勃发展，尽快形成新的体育消费热点。

第七章

加快发展体育产业
促进体育消费

一、“十三五”期间我国体育产业发展基础如何？

“十二五”期间，国家体育总局和各地政府部门全面贯彻落实《关于加快发展体育产业　促进体育消费的若干意见》和《国务院办公厅关于加快体育产业发展的指导意见》（国办发〔2010〕22号），体育产业发展取得较大成绩。

（一）产业规模逐步扩大

2014年全国体育产业总规模超过1.35万亿元，从业人员达425万人，实现增加值4040.98亿元，占当年GDP的0.64%。2011—2014年体育产业增加值年均增长率为12.74%，明显快于国内生产总值的增长速度。

（二）产业体系不断健全

体育产业逐步形成了以竞赛表演业和健身休闲业为驱动，体育用品业为支撑，体育场馆、体育培训、体育中介、体育传媒等业态快速发展的良好态势。信息技术和互联网技术对体育产业发展的影响日趋深入，与之关联的可穿戴式运动装备、移动体育服务终端等新兴业态不断涌现，体育与科技、文化、传媒、会展、健康、医疗、养老、旅游等相关行业日益融合。

（三）产业结构明显优化

体育服务业的比重稳步提升，2014年比重达到22.17%，比2011年上升1.63个百分点；社会资本对体育产业的关注度与日俱增，体育产业逐步成为全社会高度关注的发展板块，形成了政府积极推动、资本踊跃投入、业界振奋进取的良好发展态势。

（四）产业政策不断完善

《关于加快发展体育产业 促进体育消费的若干意见》是国务院首次颁布针对发展体育产业、促进体育消费的文件，以破解制约我国体育产业发展的体制性障碍为着力点，进一步明确了体育产业在国民经济中的重要地位。此后，《关于加快发展体育产业 促进体育消费的若干意见》的重点任务不断推进，体育赛事审批制度改革、体育行业协会改革取得重大突破，足球项目发展中长期规划、足球场地设施建设规划和冰雪运动规划编制如期完成，国家体育产业联系点建设稳步推进。各级政府认真贯彻落实《关于加快发展体育产业 促进体育消费的若干意见》取得积极进展，陆续出台了相关实施意见，落实并细化促进了体育产业发展的各项政策，为体育产业发展营造了良好的环境。

（五）产业影响力逐步增强

以第二届青年奥运会、世界田径锦标赛、F1大奖赛为代表的重大体育赛事，以足球、篮球项目等为代表的职业联赛以及马拉松、自行车等项目为代表的单项精品赛事有力地促进了举办地文化、旅游、通信、建筑等相关行业的发展。中国体育旅游博览会、中国体育文化博览会逐步壮大，中国国际体育用品博览会已发展成为亚太最大、世界排名前三的综合性体育用品展会。

“十三五”期间，随着我国供给侧改革的不断深入、经济结构的战略性调整、全民健身国家战略的逐步实施，经济社会发展和人民生活水平的不断提高，多层次、多元化的体育需求将日益增多，体育消费方式将从以实物型消费为主向参与型消费和观赏型消费扩展，体育产业作为国民经济转型升级的重要力量，将迎来前所未有的发展机遇。“十三五”期间，我国还将筹办2019年篮球世界杯、2022年冬季奥运会、2022年亚洲运动会等大型体育赛事，这为进一步推动体育产业发展、促进体育消费提供了重要契机。

二、“十三五”期间如何调整我国体育产业结构?

体育产业结构合理与否，对体育产业的发展具有重要影响，合理的产业结构既是一个产业可持续发展的必要条件，也是衡量该产业发展水平的重要标准。“十三五”期间，我国体育产业结构调整要以新技术、新业态、新模式和新产业为引领，大力提升体育服务业的规模和质量，推进体育用品业高级化发展。

一是进一步加快发展在新科技革命和产业革命中形成的新业态，积极推动“互联网+体育”发展，鼓励开发以移动互联网技术为支撑的体育服务，提升场馆预订、健身指导、交流互动、赛事参与、器材装备定制等综合服务水平。鼓励发展多媒体广播电视、网络广播电视、手机APP等体育传媒新业态。支持企业利用互联网采集技术对接体育健身个性化需求，鼓励新型体育器材装备、可穿戴式运动设备、虚拟现实运动装备等的研发。

二是进一步增强体育服务业的辐射力和带动效应，营造有利于体育服务业发展的环境，支持打造一批优秀体育俱乐部、示范场馆和品牌赛事，进一步做大体育服务业体量，稳步提升体育服务经济的比重。通过打造服务平台、强化核心服务要素集聚、完善服务市场体系等措施，拓展体育服务业的辐射范围，增强体育服务的能力和水平，提升体育服务业发展的后劲和质量。

三是进一步促进产业向高附加值部门或环节的转型升级，加大高端体育服务业和先进体育装备制造业的发展力度。促进金融、科技、信息及专业服务体系建设，拓宽高端体育服务业的服务半径，提高先进体育装备制造业的国际化水平和国际竞争力。支持体育类企业积极参与高新技术企业认定，提高关键技术和产品的自主创新能力，打造一批具有自主知识产权的体育用品知名品牌。

四是进一步加快新技术、新模式对体育产业的改造，促进体育产业发展向智能化和网络化方向发展，鼓励运用物联网、大数据、云计算等推动业态创新、管理创新和服务创新，促进体育产业围绕个性化、定制化等市场消费新特征，实现体育产品的生产过程和服务过程的有机融合，提升服务水平。加强与金融企业的合作，创新体育消费支付产品落实相关优惠政策。

在体育产业结构优化的着力点上要强化要素结构调整与体育产业结构优化的联动性，全面提升体育产业结构优化的效益：

一是大力推动要素结构调整对体育产业结构优化的引领性，强化要素结构转变与体育产业结构调整的有机协同。一方面要加快体育产业要素结构升级，培育专业人才、品牌、知识产权等高级要素；另一方面要提高要素配置效率，通过发挥市场在资源配置中的决定性作用，实现与资本、人才等资源优化配置，实现各种要素的有机结合，提高全要素生产效率。

二是进一步强化体育产业空间的集聚化、高效化和复合化发展，通过示范引领提升体育产业的集约化水平。树立体育产业基地品牌，提升体育产业基地品质，建成一批具有集聚效应和规模效应的体育产业基地，进一步深入促进体育产业的集约化发展。要顺应产业融合和产业功能复合化的趋势，实现体育产业空间的功能混合开发、土地综合利用，提高体育产业空间的经济社会综合效益。加强对体育产业联系点城市和单位的政策指导，督促相关地区和单位切实做好联系点组织实施工作，加快出台一批可复制、可推广的政策创新成果，为全国体育产业发展提供引导经验。拓宽体育服务贸易领域，在自由贸易试验区探索开展体育产业政策创新试点，培育一批体育服务贸易示范区。

三是进一步释放科技要素在体育产业结构优化中的效益，抓住新一轮科技革命的机遇，进一步整合资源，提高体制、组织、技术、政策等多种机制的创新能级，形成创新合力。要引导企业增加科技投入，研发科技含量高、具有自主知识产权的运动器材装备，重点支持可穿戴运动设备和智能运动装备的发展。还要支持现代科技成果和信息技术向体育产业领域的转移与应用，加快推进体育产业在内容、形式、方式和手段等方面的创新，重点支持“互联网+体育”的创新发展。

四是进一步强化人才要素对体育产业结构优化的积极作用，鼓励校企合作，培养各类体育经营策划、运营管理、技能操作等专业应用型人才。开展“体育产业创新创业教育服务平台”建设，帮助企业、高校、金融机构进一步有效对接。加强从业人员职业培训，提高体育健身场所工作人员的服务水平和专业技能。完善体育人才培养开发、流动配置、激励保障机制，支持退役运动员、教练员投身体育产业。加强体育产业人才培育的国际交流与合作，加强体育产业理论研究，建立国家体育产业智库体系。

三、“十三五”期间如何促进体育与其他相关业态的融合发展？

体育与其他产业融合发展是未来我国体育产业发展的必由之路，也是拓展体育产业业态，转变产业发展方式的重要手段。“十三五”期间，将重点推进体育与旅游、健康、教育、传媒、信息技术等融合发展，在融合中寻求体育产业的新突破。

（一）体育与旅游融合

“十三五”期间，体育旅游将作为体育与其他产业融合的一个重要抓手，国家体育总局与国家旅游局将共同发布《体育旅游发展纲要》，通过编制《国家体育旅游重点项目名录》，通过推出全国体育旅游精品项目，培育一批体育旅游重大项目，打造一批具有国际影响力的体育旅游目的地，建设一批国家级体育旅游示范区，推出一批体育旅游精品赛事和体育旅游精品线路。

（二）体育与健康融合

充分发挥体育在推进健康关口前移、提高生活品质方面的积极作用。大力发展运动康复医学，积极研发运动与健康促进解决方案，鼓励社会资本开办康体、运动康复等各类机构。积极推广运动处方，普遍开展高血压、糖尿病等慢性病运动干预，发挥体育锻炼在疾病防治以及健康促进等方面的积极作用。大力推进运动健康互联，鼓励各级各类医疗机构设立国民体质监测站点，组织开展群众日常体质测定，建立市民体质测定与健康档案大数据互联平台。

（三）体育与教育融合

一方面要鼓励和引导社会力量大力发展体育培训业，创办一批高水平的、有品牌效应的国际体育培训机构；另一方面要以校园足球为抓手，打造青少年的体育赛事体系，以赛事带动青少年体育产业发展。此外，还要鼓励学校成立课外体育俱乐部，完善学校体育教学考核评价体系，确保学生每天体育活动时间不少于1小时，至少掌握一项以上体育运动技能，养成终生参与体育锻炼的习惯，培育体育消费习惯。

（四）体育与文化创意融合

要大力扶持体育文化创意产业发展，加强体育文化服务业品牌建设，深耕体育竞赛表演业，推动体育影视、体育传媒、体育动漫、电子竞技等产业发展。要积极推动体育与新媒体的结合，建立与完善体育赛事版权交易市场，积极引入新媒体介入体育赛事转播领域，进一步拓宽国内赛事转播权的市场竞争范围。

（五）体育与信息技术融合

要积极探索“互联网+体育”发展的新路径，促进以云计算、物联网、大数据为代表的新一代信息技术与体育服务、运动装备制造等的融合创新，发展壮大新兴业态，打造新的产业增长点。不断推进体育商贸电商交易平台建设，鼓励体育企业借助于电子商务等新兴交易模式拓展业务，打造线上线下结合的体育商贸新模式。

四、如何理解《国家体育产业基地建设计划》？

国家体育产业基地，是指经国家体育总局命名，在体育产业发展方面具备相当基础、规模和特色的地区，或在体育产业某领域具有重要影响力的项目或较强竞争力的单位。为了充分发挥体育产业集聚效应、规模效应和带动作用，促进各地不同门类体育产业的发展，从2006年起，国家体育总局开始支持地方创建体育产业基地工作，鼓励各地根据当地经济社会发展状况和自然人文环境等特点，创造有利于体育产业开发、技术创新、企业发展和人才汇集的特殊环境，形成体育产业相对集中的区域。2011年11月，为进一步加强对国家体育产业基地的规划与管理，国家体育总局出台了《国家体育产业基地管理办法（试行）》。截至2015年年底，我国共有14个国家体育产业示范基地和12个国家体育产业示范单位，这些基地和单位的建设与发展对引领和带动全国体育产业发展，创造良好的体育产业发展环境，切实推动地方经济社会发展起到了积极作用。

为进一步发挥国家体育产业基地建设对优化我国体育产业空间布局、促进体育产业发展的积极作用，“十三五”期间，国家体育总局将进一步实施《国家体育产业基地建设计划》，不断完善《国家体育产业基地管理办法（试行）》，进一步优化国家体育产业基地管理，提升国家体育产业基地管理工作的规范化水平；进一步统筹协调不同类型、不同区域、不同领域的体育产业基地发展，构建特色鲜明、类型多样、结构合理的国家体育产业基地布局，加快足球、冰雪等项目国家体育产业基地建设。此外，《规划》中还提出了“十三五”期间，国家体育产业基地建设的目标，即在全国建立50个产业规模较大、集聚效应明显的县域国家体育产业示范基地，100个具有较高知名度和国际影响力的国家体育产业示范基地，100个特色鲜明、市场竞争力较强的国家体育产业示范项目。

五、如何理解国家体育产业联系点建设？

体育产业联系点工作是一项全新的工作，选择有特点、有代表性的项目和区域建立体育产业联系点，是为了持续跟踪、观察，及时总结成功经验和做法，便于其他地区学习借鉴。组织开展建立体育产业联系点，能够促进各联系点建立布局合理、功能完善、门类齐全的体育产业体系，不断优化产业环境、夯实产业基础，创造一批符合产业特点、特色鲜明的典型经验做法，出台一批可复制、可推广的政策创新成果，形成一批效益显著的特色产业、优势项目和赛事品牌，发挥区域辐射和产业扩散效应，为全国体育产业发展提供示范经验。

2015年8月，国家发改委、国家体育总局下发了《关于做好体育产业联系点有关工作的通知》，确定了北京市朝阳区等35个地级城市（包括副省级城市、计划单列市）为体育产业联系点城市。同时，确定中国滑雪，协会等4个国家级单项体育协会，山东乐陵等3个国家体育产业基地，河南建业足球俱乐部等3个职业体育俱乐部为联系点单位。

“十三五”期间，体育产业联系点工作将遵循坚持改革创新、发挥市场作用、倡导健康生活、创造发展条件和注重统筹协调的基本原则，制订并实施国家体育产业联系点建设实施方案，在大力优化体育产业结构、积极支持社会力量进入、完善公共体育设施布局、丰富体育赛事和活动、完善体育产业发展政策、推动产业融合发展、培育健身消费市场、打造良好市场环境8个方面，开展先行先试。

对联系点工作过程中取得的有益经验，国家发展改革委和体育总局将通过召开联系点现场座谈会、开展实地督查指导调研和召开经验交流会等形式及时向全国总结推广。

六、为什么要实施《体育市场主体培育计划》？

经过多年发展，目前我国体育产业发展势头良好，增长速度较快，但是不管是从数量、品质，还是从动力、作用上看，市场主体的发展不足、不优、不强的问题仍然是制约体育产业可持续发展的一大短板。首先，从体育用品制造企业来看，跨地区、跨行业、跨所有制的体育用品制造业企业较少，我国体育用品品牌众多，品牌附加值低，产品和经营模式同质化严重，研发投入不足，产品质量和款式难以满足国内消费者对体育服装、鞋帽的有效需求。其次，从体育服务业来看，体育服务消费市场上新项目、新产品、新服务太少，能选择的消费项目十分有限，经营内容趋同。体育服务类企业的科技创新和资本运作能力较弱，各级政府对示范性体育企业的扶持力度仍有待进一步加强。再次，体育类中小企业的市场活力不足，体育产业引导资金对中小企业的资助手段较为单一，缺乏针对体育领域的大众创业、产业孵化等的专项优惠政策，如信贷支持和政府购买等。另外，覆盖不同行业或人群的体育社会组织网络体系尚未形成，省、市、县三级体育社团组织实体化改革仍显滞后，体育社团的法人治理机制和服务功能有待完善，民间组织开展的运动项目联盟仍须加大培育力度。反观欧美发达国家体育市场主体则较为成熟，涌现了一批规模较大的体育企业。如体育用品企业，美国耐克公司（Nike）2013年资产总额达到175.84亿美元，总收入253.13亿美元，营业额高达103.87亿美元。而我国李宁体育用品有限公司当年资产总额为9.64亿美元，仅为耐克公司的5.48%；总收入9.34亿美元，仅为耐克公司的3.69%。从体育服务业来看，英国曼联足球俱乐部2013年资产总额达到18.82亿美元，总收入6.11亿美元。而我国著名的广州恒大足球俱乐部当年营业总收入为0.96亿美元，仅为曼联的15.71%。

基于此，《规划》提出实施《体育市场主体培育计划》，通过设立中国体育产业投资基金、建立体育资源交易平台、建立体育产业信息服务平台等手段措施，着力培育各类体育市场主体，力争“十三五”期间，涌现一批具有国际竞争力、带动性强的龙头企业和大批富有创新活力的中小企业、社会组织，形成一批特色鲜明的产业集群和知名品牌。

七、为什么要建立体育产业资源交易平台？

推动体育产业资源平台建设，符合党中央、国务院关于转变政府职能、处理好政府与市场关系、全面深化改革的精神，有利于建设统一开放、竞争有序的市场体系，有利于形成政府主导与社会力量深度参与的良性互动局面，有利于更好地发挥市场在资源配置中的决定性作用，进而发掘体育产业资源的市场价值。《规划》中明确提出：“加快各级各类体育产业资源交易平台建设，推进赛事举办权、赛事转播权、无形资产开发等具备交易条件的资源公平、公正、公开流转。”

在鼓励社会力量创办各类体育产业资源交易平台的同时，为了更好地发挥政府部门的作用，“十三五”期间，政府主管部门将扶持建立专业化、规模化、权威性的全国性体育产业资源交易平台，充分发挥政府性体育资源的规模化、集约化经营优势，充分发挥品牌效应和示范作用，引导并带动地方各类体育产业资源的交易活动，逐步形成以国家级、综合性体育产业资源交易平台为龙头，区域型、专项型体育产业资源交易平台共同发展的体育产权市场发展格局。

以建立全国体育产权交易平台为例：首先，全国体育产权交易平台的建立对于盘活各类体育资源将起到积极的推动作用，能够更好地发挥市场对资源配置的决定性作用，有助于解决赛事经营开发、场馆经营、科技成果转换等诸多产业发展方面存在的问题，促进体育改革向正确的方向发展。其次，全国体育产权交易平台的建立对于规范我国体育产权的交易，尤其是国有体育产权的保值、增值，降低国有体育产权的交易风险，以及加强廉政建设、保护干部、规范和监督赛事开发等经营性活动方面将发挥重要作用。此外，根据现有产权交易平台的经验，产权交易平台的良好运营将会为体育产业的发展构建一个巨大的投融资市场。大量的社会资本、人才、技术将进入体育产业领域，为体育竞赛、全民健身、体育产业的全面持续发展注入新的血液和活力，进一步提高体育社会化程度，让更多的人民群众享受改革红利。

八、如何理解运用政府和社会资本合作模式（PPP）扩大体育产品供给？

PPP模式是指政府为加强公共产品和服务供给能力、提高供给效率，通过特许经营、购买服务、股权合作等方式与社会资本建立利益共享、风险分担的长期合作关系。PPP模式在我国已经存在多年并在多个领域内有成功的经验。开展PPP有利于创新投融资机制，拓宽社会资本投资渠道；有利于推动各类资本相互融合、优势互补，促进投资主体多元化；有利于理顺政府与市场的关系，加快政府职能转变，充分发挥市场配置资源的决定性作用。

PPP的相关政策包括《国务院关于加强地方政府性债务管理的意见》（国发〔2014〕43号）提出的“推广使用政府与社会资本合作模式。鼓励社会资本通过特许经营等方式，参与城市基础设施等有一定收益的公益性事业投资和运营”；《关于加快推进健康与养老服务工程建设的通知》（发改投资〔2014〕2091号）提出的“在公立资源丰富的地区，鼓励社会资本通过独资、合资、合作、联营、参股、租赁等途径，采取政府和社会资本合作（PPP）等方式，参与医疗、养老、体育健身设施建设和公立机构改革”。上述文件均对采取PPP等方式参与体育健身设施等公益性事业投资、建设和运营提出了指导性意见。

目前，在体育领域，PPP模式多应用于体育场馆设施的投资建设和运营方向，如北京奥运会场馆“鸟巢”的建设运营就采用了PPP模式，旨在系统地解决场馆的融资建设与运营管理难题。2015年4月，沈阳市推出首批53个PPP项目，将市奥林匹克体育中心、市全民健身中心、市足球公园等项目的建设、运营维护和改造推向社会，探索政府与社会资本合作的双赢模式。“十三五”期间，政府将进一步加强对PPP模式的应用和推广，加快体育领域PPP模式的规章制度建设，加大财政金融的扶持力度，鼓励社会力量进入体育产业领域，建设体育设施，开发体育产品，提供体育服务。

九、如何理解我国体育消费存在的问题及“十三五”期间引导体育消费的举措？

从居民需求发展的一般规律看，经济发展水平和居民收入状况是影响体育消费需求的重要因素。国际经验表明，在人均GDP达到5000美元以后，居民对体育的消费需求就越来越大，体育产业会呈现出一个“井喷式”的发展态势。目前，我国人均GDP已经超过8000美元，北京、上海、广州等一线城市的人均GDP已远超多数发达经济体水平，比肩世界发达城市。但我国整体体育消费水平还处于低位徘徊，年人均体育消费不足100美元，低于2014年全球平均220美元的消费水平，更与欧美发达国家人均500～600美元的消费额相距甚远，预示着未来我国居民体育消费会有巨大的内生需求和活力。

尽管我国体育消费发展潜力和空间巨大，但当前我国消费水平仍不高，影响和制约体育消费的现实问题和矛盾还较为突出，归纳起来主要有两个方面：一是新兴消费涌现和传统消费路径依赖的矛盾。随着中等收入人群的增加，人们的个性化需求逐步强烈，参与新兴时尚的运动项目日益成为年轻一代的生活方式，山地户外、冰雪运动、水上运动、航空运动等项目逐渐兴起，金融、技术、信息等要素融入不断带动体育产品众筹、“互联网+”消费等新形态产生和发展，持续放大了体育消费的空间。面对新兴体育消费的不断涌现，消费现状尚存在对传统体育消费产品和渠道的路径依赖，没有形成对新兴体育消费发展的有效对接。以内容为主的服务型消费仍然未占据主要位置，消费人群参与的主要运动项目种类基本保持稳定，新兴运动项目开展还不广泛，选择体育消费途径的惯性明显，新兴消费形态和模式接受度有待提高。二是消费结构升级与消费需求不能有效满足的矛盾。目前体育消费市场的供给结构、供给质量还不能完全适应消费结构加快升级的需要，体育领域固有体制机制的束缚影响着体育消费市场的供给主体行为和供给产品内容，体育器材装备市场的转型升级压力巨大，高端装备制造、具有自主知识产权的运动器材装备，以及以信息技术为主导的智能装备、可穿戴式运动设备、虚拟现实运动设备等，对当前传统粗放型、低质化体育器材装备生产提出了严峻挑战。

“十三五”期间，将顺应体育消费升级规律，着眼体育消费环境改善，深挖消费潜力，完善消费政策，引导消费理念。通过创新制度供给、要素供给，实现体育产品和服务供需两端更高水平的平衡，促进体育消费。具体有以下几个方面的举措：一是夯实消费基础，培养健身休闲消费意识；二是加强青少年体育，培育健身休闲消费主体；三是创新鼓励优惠政策，激励健身休闲消费；四是鼓励消费手段创新，推动健身休闲消费便利化；五是增加产品创新供给，丰富健身休闲消费内容。

十、“十三五”期间体育彩票工作有哪些重点?

“十三五”期间，体育彩票发展的政策环境进一步改善，居民消费需求进一步升级，体育彩票发展的市场空间广阔，发展潜力巨大。但是体育彩票的发展理念和方式还不能适应新形势需要，发展质量和效益有待进一步提高。“十三五”期间，体育彩票发展要紧紧围绕扩大购彩人群，发挥产品和渠道的拉动作用，强化品牌、技术和队伍保障，优化管理机制，狠抓依法治彩，力争到“十三五”末，体育彩票发展的质量和效益显著改善，发行销售规模进一步扩大，年销量超过2500亿元，5年累计销售过万亿元。

（一）构建发展新机制，激发市场活力，推动区域协调发展

坚持从实际出发，遵循彩票发展规律，不断优化管理运营机制，更好地适应市场变化、服务市场发展，充分整合行政资源和市场资源，增强业务管控能力和工作执行能力，不断提高管理效益。研究制定针对不同区域的政策措施，加强不同区域间的经验交流，通过政策、资金支持等方式促进不同省市、不同区域、不同市县的协调发展，深入挖掘基础薄弱区域、落后区域的市场潜力。

（二）推进产品培育，积极拓展新群体，进一步扩大市场规模

统筹各类产品的发展，继续发挥乐透型和即开型彩票在拓展购彩新人群中的基础性作用，切实用好竞猜型彩票这一独有资源，努力实现手机即开游戏和互联网销售的突破。坚持整体推进，协调发展，根据不同产品的特性，深入调研，细分市场，发挥各产品的优势，同时注重在渠道、品牌、营销等方面的相互配合、互为补充、相互借力。

（三）构建多业态、多层次的渠道体系，统筹各类渠道资源，拓展发展空间

坚持多渠道发展策略，发挥不同渠道的功能和作用，进行分类拓展和管理，努力构建多业态、多层次的渠道体系。大力拓展实体渠道网点规模，继续提升实体渠道网点质量，稳步推进新渠道建设工作。

（四）建设安全高效、权责清晰、监管到位的技术体系，为体育彩票的可持续发展提供保障

加快技术体系建设，按照统一规划、统一标准、统一监管的原则，实现统一安全管理、统一运维管理、统一客户管理，面向业务运营、整合内外部技术能力，前瞻性开展技术储备，为业务发展和管理提升提供服务。

第八章

实施科教兴体
加快人才队伍建设

一、“十二五”期间我国体育科技和教育发展情况如何？

“十二五”期间，我国体育科技和教育工作取得了长足的进步。体育科技工作坚持改革创新，以制度创新为着力点，出台了一批有利于科技创新的政策、法规、制度和方法、举措，激发了科技创新活力。积极组织实施国家科技支撑计划项目，通过开展科学健身示范区建设，提升了全民健身科学研究水平和服务能力。围绕奥运会科技备战工作，积极探索国家队购买科技服务工作模式，进一步提升了国家队科学训练水平。以重点实验室建设为重点，加强体育科研条件建设，使全国体育科研条件整体水平不断提高。

体育教育工作充分发挥高等体育院校在体育教育事业中的基础性作用，在办学目标、学科设置、科学研究、人才培养等方面取得新进展。高等体育职业教育贯彻落实《国务院关于加快发展现代职业教育的决定》，在学院建设、教学改革、服务社会等方面取得长足进步。积极进行单招工作改革，使其更加规范化、科学化。通过远程网络教育、素质教育等方式，进一步丰富了运动员文化教育内容；借鉴先进国家教练员培训工作经验，积极探索新时期教练员培训制度建设，不断提升教练员培训效果。

与此同时，体育科技和教育领域仍然存在诸多问题和薄弱环节。体育科技工作方面，体育科技解决体育事业发展关键问题的能力和水平还不高，体育科技对体育公共服务体系建设以及促进体育产业发展的支撑不足。体育科研领域及学科发展不平衡，体育科技自主创新能力亟待加强，对高新技术应用不足；体育科技队伍的能力和素质有待进一步提高，体育科研条件建设有待继续加强；体育科技成果的应用和转化需要进一步的制度创新。体育教育工作方面，高等体育院校办学还比较封闭，体育特色不突出，创新办学不够强，成人继续教育改革创新力度不够，存在重数量轻质量的现象。运动员文化教育工作的基础设施不够完备，师资队伍不稳定，运动员学训矛盾仍然存在，教练员培训工作比较封闭，管理和考核制度不完善，培训效益有待进一步提高。

二、如何理解建立适应体育领域大众创业、万众创新的科技创新体系？

近年来，居民的收入水平和消费水平迅速提高，追求不断提高生活质量、生活品位的新型生活方式正在形成，体育消费也逐步朝着大众化、生活化的方向发展。然而当前我国体育消费市场上新项目少，消费者除了打乒乓球、羽毛球，跳健美操，能选择的消费项目十分有限。体育用品虽然很丰富，品种繁多，但是能吸引大众眼球的产品比较单一，品牌价值低，科技含量不高。体育竞赛表演业市场规模小，主体不规范，产权不清晰，盈利模式较为单一。各类体育企业经营内容趋同，管理方式粗放，品牌意识薄弱，有效供给明显不足。

在体育领域推进大众创业、万众创新，就是要把科技与人民群众的创造力在更大范围、更深程度、更高层次上融合起来。一方面按照国务院大众创业、万众创新的战略部署，在产业基础服务上下功夫，培育打造体育产业发展的新引擎；另一方面改造升级体育事业发展的传统引擎，增加公共产品、公共服务。前者着力于创新，意在调动更大范围的市场力量，使市场在资源配置中起决定性作用；后者着眼于服务，意在提高体育公共服务的水平，更好地发挥政府作用。

为此需要加大体育科技投入，形成综合科技创新体系。首先需要进一步推进简政放权，破除体制壁垒，加大体育场馆、体育协会、职业体育、运动竞赛等领域改革力度，加强体育行业的管理、规范和服务，创新体育发展体制机制。其次要放管结合，优化服务，突出市场的作用，强化社会的功能，允许各类主体充分竞争，倒逼职业体育、体育场馆、体育健身休闲业等体育服务企业和体育实物用品企业的经营管理创新，增加体育产品和服务的供给力度，形成创新性体育产品与服务体系，满足百姓日益增长的体育需要。

三、如何理解加快推进体育科技平台建设？

当前，体育科技成果在竞技体育领域的应用和转化需要进一步加强，体育科技对体育公共服务体系建设以及促进体育产业发展的支撑不足，为此要加快推进训科医竞技体育科技服务平台、科学健身指导平台和体育产业服务平台等建设。

（一）竞技体育科技服务平台

加强运动项目与有关科研院所、高等院校在科技、教育方面的协同创新，按照“项目急需、机制顺畅、国际一流、贡献突出”的总体要求，整合资源、合作共赢，探索运动训练与科技、教育结合的新模式，促进我国运动项目科学发展、可持续发展，进一步提高我国竞技体育综合实力。促进有关科研院所、高等院校转变体制机制、集中各种资源为国家队做好攻关服务工作，培训各项目优秀教练员，夯实后备人才基础，为加强国家队运动员文化教育做出应有贡献；建立长期、稳定、系统、深入的科技保障队伍和高水平人才队伍，推动奥林匹克和项目文化传承，建设具有体育行业特色的学科体系。

（二）科学健身指导服务平台

“十三五”期间，通过整合国民体质监测、科学健身指导和科学健身示范区建设的组织实施体系，建设科学健身指导服务平台（以下简称指导平台），形成可复制、可推广、适应市场需求、解决大众科学健身所需的项目。“十三五”期间，需要建设国家科学健身大数据中心和国家科学健身服务云—省（自治区、直辖市）级科学健身指导服务中心—多模态科学健身指导服务站点，建立起国家—省（自治区、直辖市）—站点（社区）的多层次立体化的科学健身指导服务体系。建成集健身场所、体质测定、运动干预、运动项目与科学健身知识学习培训、运动康复、科学研究及成果转化于一体的设施齐全、服务规范、运转良好、群众满意度较高的指导平台，覆盖大部分省会城市及经济发达城市，带动辐射中小城市，提升大众自觉健身、科学健身、健身消费的意识，在满足群众对自身健康状况进行动态监控需求的同时，达到实时、动态、客观地掌握国民体质与健康状况的目的。根据总体任务需求，需要建设国家科学健身大数据中心和国家科学健身服务云，省（自治区、直辖市）级科学健身指导服务中心和面向社区、乡镇的群众个体或团体的多模态科学健身指导服务站点。

（三）体育产业科研服务平台

围绕体育科技成果转化问题进行深入研究，制定扶持政策，建立培育机制，建设成果营销示范区，加强面向市场的体育科技成果转化；围绕便携、可穿戴式健身器材的研发和信息化集成，提升全民健身公共体育设施建设关键技术、全民健身公共体育设施建设标准等方面进行攻关研究，提升体育健身器材科技含量和标准化水平；围绕专项训练器械的研制、专项竞赛器械的研制、运动康复器械的研制、运动训练和竞赛监控仪器的研制、专项可穿戴式监控仪器等开展研究，提升专项训练和比赛器材的科技含量和更新换代，加强体育装备的研制与市场开发，针对群众体育和竞技体育所亟需的、具有自主知识产权的体育装备和关键技术装备进口替代产品，开展研发和市场开发。

此外，还要推进基础科学研究平台的建设，通过加强和引导基础科学研究，鼓励有条件的单位建设基础科学研究平台。探索成立体育科技发展基金，形成体育科学研究的自我造血机制，促进体育科技研究的可持续发展。

四、为什么要繁荣体育哲学社会科学研究?

繁荣发展体育哲学社会科学，是贯彻习近平总书记2016年5月17日在哲学社会科学工作座谈会上的讲话中提出的迫切任务，是树立科学的体育价值观和发展观，正确认识体育发展现实，深刻理解体育与经济社会发展的关系，准确把握体育发展规律的有力武器和坚实基础。

目前，中国正处于建设体育强国的重要历史时期，既面临着经济发展、社会进步、文化事业繁荣的大好机遇，又面临着社会转型加剧、体制改革深化的挑战。建设体育强国，需要不断用发展着的理论指导发展着的实践，认真思考和推动解决体育强国建设中的重大理论、政策和实践问题，如体育发展方式转变问题、体育管理体制创新问题、体育公共服务提质升级问题、体育文化建设繁荣普及问题、公民体育意识培育问题、竞技体育结构优化问题、运动员文化教育和后备人才培养问题、职业体育发展定位和体制机制问题、运动项目管理改革问题、体育社会组织与行政事业单位脱钩问题、体育赛事管理改革问题等。

加强理论问题特别是全局性、战略性和前瞻性重大问题的研究，强化基础研究、应用研究、前沿理论研究，提高科学研究水平和成果转化能力。积极回应时代发展引出的问题，从改革发展的实践中发现新问题、提出新观点、构建新理论，不断提高体育哲学社会科学服务体育事业发展的能力和水平，为深化体育改革与发展提供理论依据、智力支撑和决策支持，推进我国体育治理体系和治理能力现代化。

“十三五”期间，需要进一步加强领导，把此项工作纳入议事日程。加大经费投入力度，激发体育哲学社会科学工作者的潜能，初步满足基本的研究费用。进一步支持和繁荣国家体育哲学社会科学研究基地，加强高校、科研单位与司局业务部门沟通与协作。

五、如何壮大体育人才队伍？

人才是最宝贵的财富，国家发展靠人才，民族振兴靠人才，体育强国建设靠人才。当前，体育人才队伍建设还存在着数量不足的问题，高层次领军人才匮乏的问题，人才队伍后备力量薄弱的问题，人才流动不畅通、使用形式不灵活、引进机制不健全的问题，开展人才工作的抓手不够和办法不多的问题。

“十三五”期间，需要进一步转变观念、紧跟时代，把体育人才工作放到当前形势和任务的大背景中去研究，坚持人才优先发展战略，进一步深化干部人事制度改革，建立更灵活的人才管理机制，制定更积极、更开放、更有效的人才政策，健全更完善、更贴心、更便捷的人才服务体系。要注意把握好以下几个方面的关系：一是处理好数量和质量的关系。既要注重人才数量，更要注重人才质量。要以提高思想政治素质、专业水平、创新能力、法治意识、战略思维能力、市场经济条件下驾驭体育工作能力为核心，加强培养培训，全面提升体育行业人才队伍整体素质。二是处理好存量和增量的关系。既要重视用好现有人才，完善人才培养选拔机制，又要拓宽用人思路，积极引进外部人才；既要注重引才、聚才，更要注重育才、用才。加强人才队伍梯队建设，大力培养推进体育事业可持续发展的后备人才。三是处理好全面和重点的关系。未来5年，继续深入贯彻落实《全国体育人才发展规划》，既要统筹推进各类体育人才培养工作，又要强化对重点人才和完成重点工作任务人才的培养。继续抓好“优秀体育社会指导员培养计划、优秀中青年专业技术人才百人计划、精英教练员双百培养计划、优秀体育产业人才能力提升计划”等6个专项人才培养计划的组织实施，抓紧高层次人才和紧缺人才的培养，继续以重点人才队伍的培养带动体育人才队伍的整体开发。

第九章

加强体育文化建设
提高体育宣传和对外交往工作水平

一、如何理解体育宣传文化工作在“十三五”期间体育发展中占据的地位？

加强体育宣传文化工作，弘扬中华体育精神，对推进社会主义核心价值体系建设具有重要意义，是体育工作者的神圣使命。近年来，体育作为一种全球性文化语言的魅力也日益受到重视，在国家文化交往中的地位不断凸显。

“十二五”期间，体育宣传文化工作的方式更加灵活多样，方法更加有力高效，阵地不断拓展，内涵和外延更为丰富。但是，与欧美体育强国综合运用传媒、商业、外交等手段大力营销本国体育文化相比，我国体育宣传文化工作的影响力和感染力有待进一步加强。主流媒体的主渠道作用受到巨大冲击，舆论引导和调控难度加大，特别是与体育相关的话题，情况更加复杂，体育事业发展所需要的良好外部环境和舆论氛围，显得更加宝贵；在体育文化内涵的提炼、传播力和影响力的提升方面，在讲好中国故事发挥更大作用的背景下，体育宣传文化工作面临新挑战、新课题，体育宣传文化工作的职责更重、任务更艰巨。

“十三五”期间，我国竞技体育、群众体育和体育产业等各领域的发展将为体育宣传文化工作开展注入强劲的动力，体育在促进民族团结、社会和谐、家庭和睦、人际亲和方面的作用将进一步显现。建设健康中国、全民健身上升为国家战略，将为体育发展提供新机遇。体育具有增强中华民族凝聚力、向心力、自信心，激发全国人民的爱国热情和全世界中华儿女的民族自豪感的功能；在展示中国形象、讲好中国故事、让世界了解中国方面，具有不可替代的作用；在进一步营造崇尚运动、全民健身的良好氛围，推动体育融入生活，培育健康绿色生活方式，增强人民群众的幸福感和获得感，有效提高全民族健康水平，服务社会民生，助力经济转型升级中的作用更加突出。全面深化改革和依法治国的战略部署将为体育改革增添新动力。

二、“十三五”期间体育文化工作有哪些重点工作？

“十三五”期间，体育文化工作的重要性将更加突出，体育文化的繁荣发展将更好地发挥体育在弘扬社会主义核心价值观、弘扬以爱国主义为核心的民族精神和以改革创新为核心的时代精神方面的独特作用，为展示中国形象，推进健康中国建设，实现体育强国梦提供精神力量、道德滋养和文化条件。

（一）大力弘扬体育文化，促进人的全面发展

根据全面建成小康社会的总体部署、实现体育强国的战略目标和建设健康中国的任务要求，在全民健身和全民健康深度融合的宣传方面下功夫，普及健身知识，宣传健身效果，弘扬推广“运动是良医”等健康新理念，把身心健康作为个人全面发展和适应社会的重要能力，树立以参与体育健身、拥有强健体魄为荣的个人发展理念，营造良好舆论氛围，通过体育健身提高个人的团队协作能力。引导发挥体育健身对形成健康文明生活方式的作用，树立人人爱锻炼、会锻炼、勤锻炼、重规则、讲诚信、争贡献、乐分享的良好社会风尚。进一步创新全民健身宣传的方式和方法，利用社交媒体传播的优势，组织线上线下活动，在将

宣传策划与活动策划同步进行的同时，做到全民健身宣传的常态化、生活化。

（二）挖掘运动项目文化内涵，推进以运动项目文化为核心的体育文化建设

注重挖掘运动项目文化内涵，打造运动项目文化；加强宣传和推广，发展项目人口，培育市场基础。注意提炼体育精神，推出先进典型，树立运动员和体育积极正面的社会形象。主动开展针对青少年的运动项目文化教育和推广工作，扩大运动项目文化在青少年中的影响力。

（三）大力加强对传统体育文化的保护和利用

加强对中华优秀体育传统文化的挖掘、保护和阐发，探索与当代文化相适应，与现代社会相协调的创造性转化，创新性发展的道路和方法，激活其生命力。大力加强民族体育、民间体育、民俗体育的推广，积极推动体育非物质文化遗产申报工作。重视并切实开展体育文物、体育档案、体育文献等普查、收集、整理、保存和研究利用工作，建立相应的信息库。根据本地区、本民族的节令活动与传统庆典活动，大力发展具有民族特色与本地特色的体育文化活动。

（四）加强体育文化阵地建设，搭建体育文化展示平台

加快国家体育博物馆新馆和网上体育博物馆建设；重视体育博物馆、名人堂和档案馆等建设工作；积极鼓励各种社会力量兴办各种体育

博物馆等，使其成为传播体育文化、弘扬体育精神的重要窗口；继续办好体育文化博览会等品牌活动，不断丰富其内容和功能。

（五）推动体育文艺繁荣发展

扶持体育文艺创作，加强与相关部门和单位的合作，鼓励与支持社会组织和艺术家进行体育文学、体育电视、体育音乐、体育摄影、体育美术、体育标识、体育文化创意和体育收藏等创作及展示活动。策划和制作符合国际传播语境的体育影视、体育艺术品及其展览，传播中国体育文化；提升外宣品的类别、艺术性和审美性。

（六）以筹备2022年冬奥会为契机，大力推广冰雪运动文化

在筹备2022年冬奥会过程中，重视冰雪运动项目文化的弘扬。制订奥林匹克文化传播推广计划，在全社会尤其是青少年中弘扬中华体育精神和奥林匹克精神，营造全社会关心、支持、参与冬奥会的浓厚氛围，为筹备冬奥会营造良好的文化氛围。

三、如何理解体育文化精品工程？

“十三五”期间，体育文化建设将提升到体育发展的战略高度，培育运动项目文化是体育文化建设的重要组成部分。运动项目文化的传播和引领，是运动项目健康、可持续发展的动力，也是体育文化精品工程的内涵支撑。实施体育文化精品工程，核心是推动丰富多彩、各具魅力的运动

项目文化建设，从项目历史、项目礼仪、项目精神和项目价值观等方面对运动项目进行系统整理和培育，包括鼓励各运动项目协会建设展示项目历史、文化的专项博物馆、名人堂、主题公园等项目文化设施，以及举办项目日、项目周、项目文化节等主题节庆活动。挖掘、总结运动项目的发展历史沿革，做好重大赛事和活动的资料留存、整理和存档，建立运动项目纸质档案或电子档案。加强优秀民族体育、民间体育、民俗体育的整理、推广工作，保护和弘扬优秀中华体育文化遗产。利用互联网，做线上博物馆，将运动项目文化进行传承和推广，使博物馆（或荣誉室）成为青少年爱国主义教育基地和青少年体育俱乐部活动基地。同时，以举办赛事为抓手，推广运动项目文化，普及运动项目知识，展示运动项目人文内涵。打造并推出体育明星，积极开展公益活动，树立运动员和运动项目积极正面的社会形象，使其成为青少年的偶像和榜样。

四、“十三五”期间如何做好体育宣传工作?

“十三五”期间，体育宣传工作立足于为体育事业发展创造良好的外部环境和舆论氛围，在全社会范围内整合体育宣传的内容资源、智力资源、人力资源，以及各类传播平台，特别是新媒体平台和渠道，提高体育宣传工作的说服力、亲和力、感染力。

（一）按照体育规律和新闻规律，做好重大赛事和体育重点工作的宣传、舆论引导和新闻服务工作

做好重大赛事的宣传组织、舆论引导和形象展示工作。做好参加里

约奥运会、东京奥运会、平昌冬奥会和雅加达亚运会的宣传工作，做好北京冬奥会、杭州亚运会等国际赛事筹办和参赛准备的宣传工作。进一步规范在国内举行的大型体育赛会新闻宣传、媒体运行和体育文化工作，为国内大型体育赛事的媒体运行制定实施标准。

（二）加强体育对外宣传工作，提升中国体育国际形象，扩大中国体育影响力

紧密结合国际性体育比赛和对外体育交往活动，围绕传播中华文化、介绍中国道路、维护国家利益、树立国家形象的基本目标，抢占体育宣传制高点，突出成就宣传和亮点宣传，强化文化推广，用符合国际认知习惯的传播方式和国际化的思维，提升质量和水平。进一步拓宽外宣渠道，提高外宣的针对性和影响力，展现当代中国和谐发展、和平崛起的新形象，展现我国运动员积极向上、团结进取的精神风貌。借助于杰出运动员、教练员以及对外宣传媒介，挖掘体育人物、体育事件的人文价值，讲好中国故事。

（三）充分利用互联网和社交媒体，形成体育宣传大格局

用能够被网民普遍接受的方式、方法，通过多样化的内容形式，在体育宣传和网络舆论引导中主动发声，传播社会正能量。探索利用新媒体、自媒体等社交媒体平台，搭建新的对外宣传窗口，开展符合现代传播规律的体育对外宣传。

（四）健全信息发布政策解读机制，主动及时回应社会关切

随着互联网技术的迅猛发展，媒体传播格局和传播方式出现重大变化，政府施政环境发生深刻变化，舆情事件频发、多发，加强政务公开、做好政务舆情回应和政策解读成为政府提升治理能力的内在要求。认真做好新形势下信息发布、回应社会关切和开展政策解读，多措并举，做好信息发布、回应关切和政策解读工作。

第十章

推进依法治体
提升体育法治化水平

一、“十三五”期间体育法治建设面临着哪些挑战与机遇？

全面推进法治中国建设对“十三五”期间体育法治建设提出了更高要求。目前，我国体育立法数量总体偏少，体育社会治理的法律制度仍不尽完善，难以适应新形势下的体育发展需求，现行《体育法》不能体现体育事业改革发展的方向，急需修改。简政放权改革进入攻坚阶段，体育部门审批权取消或下放后，在加强事中事后监管和完善服务方面的有效办法不多。体育执法队伍缺乏，执法经费紧张，执法经验不足，执法能力不强。体育系统法治意识仍有欠缺，依法治理水平不高。

与此同时，“十三五”期间体育法治建设也面临很多机遇。党的十八届四中全会对全面推进依法治国做出了重大部署，明确了全面推进依法治国的总目标和重大任务。“十三五”期间，依法治国在党和国家工作全局中的地位更加突出，作用更加重大。中共中央、国务院印发的《法治政府建设实施纲要（2015—2020年）》提出，到2020年要基本建成职能科学、权责法定、执法严明、公开公正、廉洁高效、守法诚信的法治政府，为体育系统全面推进依法行政指明了方向。全民健身上升为国家战略、体育产业和体育消费不断增长、体育组织化水平和社会化程度不断提升等体育事业改革发展的大局，呼唤体育法治建设日趋完善。

二、“十三五”期间体育法治建设的目标和原则是什么？

“十三五”期间体育法治的发展目标是，确立体育法治在体育事业改革发展中的重要地位，提高体育部门运用法治思维和法治方式推进体育改革和解决体育领域问题的能力，加快建设中国特色社会主义体育法治体系，促进体育治理体系和治理能力现代化。不断完善以《体育法》为核心，体育行政法规、部门规章、地方体育法规和规章为主体的体育法规体系建设。推进体育法律法规实施，加强体育行政执法，深入推进简政放权。不断提高体育系统的法律素养，培养体育系统尊法、学法、守法、用法意识。建立健全体育多元化纠纷解决机制。

为实现上述目标，必须坚持的原则包括：坚持以人为本，保障和实现人民群众基本体育权利；强化法治理念，运用法治思维和法治方式推动体育事业发展；立足体育实际，加快建设中国特色社会主义体育法治体系；深化体育改革，依法推进体育治理现代化。

三、“十三五”期间体育系统深入推进依法行政的要求是什么？

深入推进依法行政是“十三五”期间体育法治的重要内容。一是依法全面履行政府体育职能，优化体育部门组织结构，加强体育市场监管，创新社会治理，优化公共体育服务。坚持法定职责必须为、法无授权不可为。坚持以公开为常态、不公开为例外，全面推进政务公开。二是建立健全体育依法决策机制，按照制度科学、程序正当、过程公开、责任明确的要求，完善重大行政决策制度。增强公众参与实效，提高专家论证和风险评估质量。建立体育部门内部重大决策合法性审查机制，未经体育部门法制工作机构合法性审查或经审查不合法的，不得提交讨论。三是深入推进行政审批制度改革，继续全面清理体育部门行政审批事项。做好已取消和下放行政审批事项的落实和衔接，鼓励大众创业、万众创新。加强对保留的行政审批事项的事中事后监管。四是切实提高体育行政执法水平，各级体育行政部门依法履行行政执法职责，惩处各类违法行为，加大关系群众切身利益的重点领域执法力度。梳理执法依据，建立完善执法制度，规范执法主体，明确执法事项，界定执法权限，细化执法流程。改进和创新执法方式，探索综合执法，坚持管理与服务并重、处置与疏导结合，实现法律效果与社会效果相统一。推广运用说服教育、劝导示范、行政指导、行政奖励等非强制性执法手段。建立体育法治工作考核评估和渎职责任追究制度。

四、完善体育法律制度体系主要包括哪些内容?

（一）完善体育立法体制机制

完善规章和规范性文件制定程序，积极推行公众参与立法的机制。恪守以人为本、立法为民的立法理念，建立规章和规范性文件清理失效机制。2017年底前，各级体育部门要完成对现行体育规章和规范性文件的清理工作，并将结果向社会公布。

（二）加强重点领域体育立法

深入研究体育事业发展过程中涉及的重点和难点问题，为全面修改《体育法》工作夯实基础。加快推进政府职能转变，完善基本公共体育服务，引导规范体育赛事活动，促进体育消费，规范体育市场，创新体育社会组织管理，推进职业体育改革，建立体育评估体系等方面规章和规范性文件的起草工作。

（三）加强体育规范性文件监督管理

完善体育规范性文件制定程序，实行体育部门对本部门制定的规范性文件统一登记、统一编号制度。体育规范性文件不得设定行政许可、行政处罚、行政强制等事项。涉及公民、法人和其他组织权利义务的体育规范性文件，要按照法定要求和程序及时予以公布，未经公布的不得作为行政管理的依据。

（四）发挥体育社会组织内部制度在社会治理中的作用

按照国家对社会组织管理体制改革的要求，探索对体育社会组织的新型监管模式。体育社会组织要依法加强行业治理，建立健全符合现代法治原则的制度规范，明晰组织成员之间的权利义务关系，维护组织运行的正常秩序。

五、如何依法有效地化解体育领域矛盾纠纷？

（一）完善行政复议工作

各级体育行政部门依法履行行政复议职责，纠正违法或不当行政行为。各级体育部门行政复议经费列入本部门预算。行政复议机关要重视与法院、信访部门的工作联系，建立健全行政复议与行政诉讼、信访工作的协调机制，共同解决行政争议，有效地化解社会矛盾。

（二）高度重视行政应诉工作

支持法院依法受理和审理行政案件，依法履行行政应诉职责。涉诉体育部门负责人积极出庭应诉，不能出庭应诉时，应当依照法律程序委托相应的工作人员出庭，不得仅委托律师出庭。切实保障行政应诉工作经费、装备和其他必要的工作条件。

（三）建立和完善多元化体育纠纷解决机制

发挥各类纠纷处理方式的不同作用和互补功能。指导全国性单项体育协会建立和完善内部纠纷处理机制，加强制度建设，规范管理行为。成立独立的、公信力强的体育仲裁机构，建立中国特色的体育仲裁制度。

六、如何全面提高体育部门干部法治思维和依法行政能力？

（一）树立重视法治素养和法治能力的用人导向

把法治观念强不强、法治素养好不好作为衡量干部德才的重要标准，把能不能遵守法律、依法办事作为考察干部的重要内容。在同等条件下，优先提拔使用法治素养好、依法办事能力强的干部。

（二）加强对体育部门工作人员的法治教育培训

将体育部门工作人员的法制教育培训作为“七五”普法的重要内容。完善领导干部学法制度，定期举办领导干部法治专题培训或讲座。健全体育行政执法人员岗位培训制度，组织开展体育行政执法人员通用法律知识、体育法律知识、新法律法规等专题培训。

（三）注重通过法治实践提高体育部门工作人员的法治思维和依法行政能力

体育部门工作人员，特别是领导干部，想问题、做决策、办事情必须依法律、循程序，主动接受监督，牢记职权法定，切实依法履职。自觉地在宪法和法律范围内开展体育工作，善于运用法治思维和法治方式处理问题。严格落实“谁执法、谁普法”的普法责任制，建立体育执法人员以案释法制度，使体育行政执法人员在执法普法实践中不断提高自身法治素养和依法行政的能力。